설법의 기술

정순일 지음

민족사

설법의 기술

머리말

　불법대해라 하여 무궁한 법문이 있으나 그것이 일반인들에게 전달되는 통로는 여러 가지가 있다. 그 중에서 가장 직접적이고 강력한 수단이 '설법'이라는 점에는 많은 사람들이 동의한다.
　석존은 길에서 나서 길에서 살며 길을 설하다가 길에서 돌아가신 '길의 성자'였다. 석존의 정각 이후 열반에 이르는 모든 삶은 길(道)을 설한 설법의 일생이었다. 그 이래 2천 수백 년 동안 이어져 온 불교의 포교현장에서 설법이라는 전달형식은 법을 전하는 중요한 수단이었으며, 앞으로 시간이 흘러도 그 가치는 조금도 변하지 않을 것이다.
　오랫동안 일반인들이 불교설법을 듣는 것은 사찰 안의 법회를 통해서만 가능하였다. 그러나 오늘날은 매체의 발달로 인하여 누구나 손쉽게 설법을 접할 수 있게 되었다. 그리하여 일반인들도 불법의 근본진리를 아는 것이나 생활상의 지침을 얻는 것이 전에 비하여 무척 수월하게 되었다.

한편 이러한 변화는 설법을 하는 사람의 입장에서 본다면 설법의 구성이나 전달기법을 새롭게 계발하는 데에 더욱 관심을 가지지 않으면 안 되는 상황에 이르게 하였다. 그것은 시대와 환경이 설법을 하는 자에게서 설법을 듣는 자로 그 선택권과 무게중심이 옮겨졌기 때문이다.

월드컵과 프리미어리그의 수준에 길들여진 축구팬들로부터 실력 없는 축구경기가 외면될 수밖에 없는 것과 같이, 불교의 설법자도 이제 좋은 정보와 양질의 연술을 접하면서 다양해지고 까다로워진 대중들의 요구와 수준에 맞추기 위한 노력을 하지 않으면 안 되게 된 것이다.

그러나 우리의 현실을 보면 이에 대한 체계적인 연구나 효과적인 방법론에 대하여 접근하려는 시도는 거의 없었다. 불법의 전달을 위해서 설법에 대한 전반적인 이론체계를 세우는 일이 너무도 요청되는 오늘이다. 이 책은 이러한 고민에 직면한 설법자를 위한 지침서이다.

누구의 가르침이나 원칙도 없이 혼자서 피아노를 치는 사람도 간단한 노래를 연주하는 것은 가능하다. 그러나 수준 높은 명곡을 세련되게 연주하기 위해서는 체계적인 레슨을 받지 않으면 안 된다. 마찬가지로 설법의 경우도 그저 내 방식대로 전달하면 된다는 식으로 할 수도 있으나, 좋은 이론에 입각하여 자신의 설법작성과 연술의 방법을 연마하여 간다면 설사 재질이 뛰어나지 않은 사람이라도 마침내 훌륭한 설법자로서 성공할 수 있게 될 것이다. 이 책은 좋은 설법을 원하는 사람들에게 안내서가 될 것을 목적으로 쓰였다.

설법학을 하나의 이론체계로서 정리할 때, 세 가지 면에서 접근할 수 있다. 첫째는 해석의 영역이다. 설법이란 '불교의 사상을 시간과 공간이 다른 오늘을 사는 청중에게 전하는 것'이라고 소박하게 정의할 때, 사상적 조명의 작업 즉 '불법을 오늘의 시점에서 어떻게 해석하고 적용할 것인가?' 하는 해석의 문제가 핵심과제이다. 둘째는 그 내용을 전달하는 과정에서 보다 효과적으로 정리하고 전달하는 기법에 관한 영역이다. 셋째는 설법이 이루어지는 상황과, 그 설법에 의하여 청중의 사고와 생활이 바뀌어 다시 새로운 설법 설정의 상황으로 돌아가게 하는 현장에 바탕을 둔 측면이다.

이 세 가지 중에서 이 책의 주안점은 대체로 두 번째의 영역에 두었다고 볼 수 있다. 거의 전무하다시피 하는 불교의 설법에 관한 연구의 오늘의 현실에서 두 번째의 영역이 보다 시급한 부분으로 판단되었기 때문이다. 이 책은 1998년에 출판했던 졸저『설법 그 이론과 실제』가운데 상당부분을 수정하고 새롭게 편집한 것이라는 점을 밝혀둔다.

이 책의 인연으로 우리나라 불교계의 설법이 더욱 체계적으로 정리 발전되어 많은 사람들이 불은을 입고, 그에 따라 불법이 더욱 편만하여지는 계기가 될 것을 염원해 본다.

2008년 1월 저자 합장

차례

머리말 • 5

제1장 설법준비의 단계와 자료수집법

1. 설법준비의 단계 • 13
2. 설법자료수집의 방법 • 23

제2장 설법안 작성의 실제

1. 전체적 방향의 점검 • 43
2. 주제의 착상 • 45
3. 교리적 근거의 설정 • 56
4. 설법의 골자와 골격의 구상 • 58
5. 제목의 구상 • 67
6. 본론의 작성 • 78
7. 서론 및 결론의 작성 • 106
8. 전체 원고의 수정 • 129

제**3**장 　설법안 작성의 보조기법

　　　　　　1. 설명의 기법 • 140
　　　　　　2. 표현의 기법 • 151
　　　　　　3. 예화 활용의 기법 • 163
　　　　　　4. 예화 삽입의 기법 • 180
　　　　　　5. 설법 평가의 기법 • 188
　　　　　　6. 설법의 길이 • 192

제**4**장 　설법의 전달기법

1. 설법의 전달과 전달기법 • 197
　　　　2. 설법의 전달 유형 • 200
　　　3. 설법연술(演述)의 자세 • 209
　　　　　4. 설법자의 제스처 • 215
　　　　　5. 설법연술과 음성 • 222
　　　　　6. 설법연술의 주의점 • 230
　　　　　7. 청중에 대한 파악 • 235

제1장

설법준비의 단계와 자료수집법

1. 설법준비의 단계
2. 설법자료수집의 방법

1. 설법준비의 단계

(1) 체계적 준비의 필요성

오늘날 포교현장에서 절실하게 느끼는 것은 '누구에게 무엇을 어떻게 전달할 것인가?' 하는 물음일 것이다. 이 물음은 선방의 수좌들에게는 해당되지 않을지 모르지만 도심의 포교원에서 수많은 설법을 쉼없이 준비해야 하는 설법자들에게는 큰 부담이다. 그 이유는 설법을 듣는 사람들의 귀는 자꾸만 높아 가고 설법자의 창고는 비어 가고만 있기 때문이다. 따라서 설법자는 정성스럽고 진지한 설법작성과 더불어 창의적이고 설득력 있는 설법자료의 수집방법을 익혀야 한다.

오늘날 한국불교 설법의 약점은 설법을 하는 데 있어서 효과적이고 바른 구조에 대한 인식이 결여되어, 그로 인하여 설법안 작성의 과정과 목적이 불분명하게 됨에 따라 설법의 효과가 적다는 데에 있다. 그것은 설법작성의 방법에 대한 체계적인 훈련이 안 되어 있기 때문이지만 설법자의 과중한 업무 혹은 안일에 의하여 설법준비가 소홀히 되고 있는 데에도 원인이 있다.

신도들은 누구나 새로운 설법, 정성스럽게 준비된 설법을 원하고 있다. 설법자는 부처님의 교법을 최대한 맛이 있고 보기 좋게 요리하여 신도들에게 제공할 의무가 있다. 그러기 위하여는 자신의 신앙과 수행을 통한 구도적 정열을 가꾸어 나감과 동시에 설법자료수집의 과학화와 능률화, 설법구성의 신속화와 효율화를 함께 추구해 나가지 않으면 안 된다. 그렇다면 과학적 설법준비방법을 계발하며, 일상생활 모두가 설법의 준비자세가 되어야 한다는 것이 된다. 따라서 설법의 준비도 과학적이며 효과적인 단계가 필요한 것이다.

(2) 설법의 준비시간

설법의 준비시간은 일정하게 정해진 것도 아니고, 바람직한 양의 시간이 산출된다 하여도 이를 모든 설법자에게 일률적으로 적용할 수도 없다. 그러나 대체로 일상생활 가운데 마음 속으로 굴리고 연마하는 시간을 제외하고도, 설법을 위해 직접적으로 준비하는 시간은 설법시간의 20배는 투자해야 하리라고 본다. 만약 30분의 설법을 준비하기 위해서는 적어도 10시간은 준비해야 한다는 계산이 나온다. 그러나 설법의 준비와 그 소요시간에 대한 정확한 대답이란 있을 수 없다. 그 이유는 법사로서 쌓아 온 지난 세월의 모든 학문과 현재 진행중인 연구와 명상 그리고 설법자의 눈으로 보는 모든 사람과 사물들이 설법의 초석이 되고 하부구조가 되는 데 모두 공헌하기 때문이다.

기독교 설교자의 예를 하나 들어 보자. 뉴욕의 허드슨 강변에 있는 유명한 리버사이드교회는 한 사람의 설교가를 위하여 세워졌는데, 그가 유니온신학교의 설교학 교수이며 20세기의 대설교가로 이름난 포스딕이다. 그의 설교준비과정에서 설교의 기술에 이르기까지 모든 것은 통계자료로 분석되어 있는데, 그가 설교 한 편을 작성하는 데는 평균 16시간이 걸렸다고 한다.

(3) 설법준비의 10단계

가. 설법 주제의 착상

설법을 준비하는 데 있어서 가장 첫번째 단계는 말할 것도 없이 주제에 대한 착상이다. 어떠한 방향으로 설법을 할 것인가에 대한 방향설정이 없이 설법안이 준비될 수는 없기 때문이다.

전문 설법자의 경우, 설법의 주제에 대한 착상은 크게는 설법자 일생의 설법방향과, 작게는 일 년 단위의 설법목적에 부합하는 방향에서 이루어져야 한다. 뿐만 아니라 그 포교원의 상황, 신도들의 바람 그리고 지난 설법에서 나타난 신도들의 반응에 대한 점검 등이 설법의 방향을 결정짓는데 필요한 요소들이다.

그러므로 여러 요소들을 감안해야 한다. 그러나 정기적으로 설법이 이루어지는 전문 포교원의 경우 효과적인 설법을 하고 좋은 자료를 수집하기 위해서는, 대체로 일 년의 설법계획에 의한 방향설정이 바람직하다. 그것은 일관된 설법의 방향을 유지할 수 있을 뿐만 아니라 고른 주제를 선택할 수 있고, 의도된 방향으로 신도들의 정신을 몰고 갈 수 있을 것이기 때문이다.

그 밖에도 기도나 명상을 통하여 설법주제를 착상할 수도 있고, 돌발적인 시사문제에 부응하여 주제를 선정할 수도 있다. 또한 신도들과 상담하는 중에 발생하는 문제가 착상이 될 수도 있다.

나. 교리적 근거 설정

설법에 대한 주제가 잡혔으면 그 근거가 되는 경전이나 조사의 말씀을 찾아볼 필요가 있다. 이처럼 교리적 근거를 명확히 할 필요가 있다. 무유정법(無有定法)이라 하여 설법자 마음대로 하는 것보다는 부처님 말씀에 근거하여 설법을 하는 것이 바람직하기 때문이다.

그리고 자신의 설법에 합당한 경구가 있을 때는 이를 설법중에 때때로 혹은 맨 처음에 제시하는 방법도 있다. 그러나 성경의 축자영감설(逐字靈感說)을 주장하는 기독교의 경우와는 달리 불교에서는 정해진 원칙에 매달릴 필요는 없다고 본다. 그러므로 교리적 근거를 명확히 하여 불타의 근본정신에 바탕을 둘 따름이지 정해진 경구를 반드시 제시해야 한다는 말은 아니다.

다. 골자 및 제목 구상

세번째 단계는 설법의 골자를 만들어 보는 일이다. 설법의 골자는 주제를 하나의 문장으로 작성해 보는 것을 말한다. 설법 전체를 하나의 문장으로 만들어 보는 것은 설법의 일관된 흐름을 분명히 할 수 있는 장점이 있다. 설법안 작성 시작 전에 골자를 작성하여 보면, 설법안을 작성하는 가운데 주제에 어긋나는 길로 설법이 흐르는 것을 방지할 수 있으며, 설법의 결론으로 뚜렷하게 모아질 수 있는 장점이 있다. 그것은 골자가 설법 전체의 주제를 표현한 것인 동시에 설법의 결론을 한 문장으로 표현한 것이기도 하다.

골자를 정하면서 자연스럽게 제목이 떠오르는 경우가 있다. 물론 제목은 모든 설법안의 작성이 완료된 후에 정해지는 수도 있다. 설법의 골자와 제목은 동일할 수도 있고 다를 수도 있으나 골자는 대체로 제목에 비하여 긴 문장이기가 쉽다.

제목을 정할 때는 간결하면서도 흥미를 유발하는 것으로 정하며, 좋은 제목이 정해졌을 때 그에 바탕하여 좋은 설법이 구성되는 경험을 설법자라면 겪었을 것이다. 설법의 골자와 제목은 설법작성의 방향타 구실을 하므로 이를 정하는 일은 매우 중요하다.

라. 자료수집 및 명상

좋은 설법을 위해서는 좋은 자료를 모아야 한다는 사실은 설법을 한두 번밖에 해보지 않은 설법자라도 공감하는 사항이다. 자료를 모으는 방법에도 여러 가지가 있으며, 모으기만 해서는 충분치 못하고 그것을 분류하고 적소에 사용하는 기법을 익힐 필요가 있다. 설법에 대한 착상이 자료를 모으고 분류하는 가운데 얻어지는 경우가 종종 있다는 사실로 미루어 볼 때, 이의 중요성은 아무리 강조해도 지나치지 않을 것이다.

명상은 주제를 놓고 집중하는 것을 말한다. 참선이나 염불 후에 좋은 설법의 착상이 떠오르는 것은 맑은 정신에 밝은 지혜가 떠오르는 이치와 같다. 설법의 주제를 놓고 자료를 모으는 중 설법의 골격을 구상하거나, 문안을 다듬는 중 명상을 하는 등 그것을 통하여 설법자는 빛나는 지혜와 치솟는 아이디어를 가지게 될 것이다.

마. 본론 작성

설법의 골격이 대체로 잡히고 나면 본론을 작성하기 시작한다. 본론이 설법의 핵심이며 설법자가 하고 싶은 내용이 다 나오기 때문에, 이를 먼저 작성하고 이에 맞는 서론과 결론은 다음에 작성하는 것이 대체로 편리하다.

서론·본론·결론으로 설법안을 작성하는 것은 고금을 통틀어 가장 보편적인 방법이며, 기·승·전·결이나 변증법적 방법 등 모두가 이 삼단의 구조와 통한다고 본다. 또한 이 형식은 불전에서 나타나는 서분(序分)·정종분(正宗分)·유통분(流通分)의 구조와 매우 상통한다 할 것이다.

바. 서론 및 결론 작성

본론이 작성된 다음에 그것을 효과적으로 도입하기 위한 서론과 끝맺음을 잘 할 수 있는 결론을 작성한다. 서론은 청중의 흥미를 유발하고 설법의 목적을 밝히며, 설법자와 청중 사이에 공감대를 형성시키는 데에 그 의의가 있다.

결론은 설법의 매듭이요 마무리로서, 청중 각자가 그 설법의 요지를 기억하고 실행으로 연결지을 수 있도록 회향케 하는 데에 그 의의가 있다.

사. 전체 원고 수정 및 확정

설법의 원고는 한 자 한 자 적어 보는 것이 필요하다. 설법자는 자신의 설법안을 정리하는 과정중에 또 다른 감동을 체험하게 되고, 여러 착상들을 연결지을 수 있으며, 내용의 연결과 논리적 고리를 완비하게 된다.

또한 이 과정에서 아름다운 용어와 세련된 표현으로 설법안을 다듬을 수 있는 장점이 있다. 그러므로 설법자는 바쁘다는 이유로 설법골자만 들고 설법단상에 오르려는 유혹에서 벗어날 필요가 있다. 한번 작성한 원고는 여러 차례 읽고 수정을 가하는 동안 완벽한 원고의 모습을 갖추게 되는 것이다.

아. 설법 연습의 반복

완성된 원고는 실제로 설법석상에서와 같은 분위기에 젖어 연습을 반복할 필요가 있다. 이때에 설법자는 문어체로 작성되어 구어체에 걸맞지 않은 표현을 수정할 수 있고, 감동을 주는 데에 필요한 강약과 휴지(休止)를 위한 대목을 스스로 발견하게 된다. 그리고 무엇보다 설법자 자신이 설법과 하나됨을 체험하게 되어, 소화된 설법을 할 수 있다는 점이 설법연습의 반복이 가져다 주는 가장 큰 이점이라 하겠다.

자. 설법의 시행

준비한 설법을 정성스럽고 설득력있게 그리고 간절하게 설하여 청중에게 전달한다. 이때에 음성, 제스처 등을 적절히 조절하여 설법의 효과가 보다 극대화되도록 배려한다. 설법시에는 설법과 내가 하나가 되는 기분으로, 부처님의 법문이 모든 이에게 충분히 전달되도록 하는 간절함으로 설법한다.

차. 설법의 평가

설법 후에는 여러 가지 방법을 동원하여 설법에 대한 평가를 하도록 한다. 설법의 평가는 자신의 설법이 어떻게 전달되었는지를 확인할 수 있게 하며, 다음 설법의 방향을 설정하고 자신의 단점을 수정하는 데에 중요한 시사점을 제공하여 준다.

설법이 일방적인 전달이 아니고 설법자와 청중 사이의 상호 커뮤니케이션이라는 점에서 본다면, 설법 후의 평가는 피드백(feed back)하여 다시 새로운 설법, 보다 감동적인 설법을 낳는 데에 필수적인 것이다.

2. 설법자료수집의 방법

(1) 설법과 자료

 분주한 현대사회에서 심한 경우 일주일에도 몇 차례씩 해내야 하는 설법을 잘 준비한다는 것은 그리 쉬운 일이 아니다. 그러므로 많은 자료를 모아 두는 것이 중요한 일이며, 그 자료를 잘 관리하고 효과적으로 꺼내 사용하는 훈련을 평소에 해두어야 한다.
 그런데 우선은 좋은 설법을 위해서 좋은 자료를 모으는 것이 중요한 관건이 되므로 평소 생활 속에서 자료수집은 일상생활화가 되어야 한다.
 그러므로 설법자는 한 손에 책을 들고 독서를 하면서 한 편으로는 설법주제에 대한 명상을 하며 지내는 것이 생애의 중요한 부분이 되어야 한다. 매일의 신문을 비롯하여 철학·역사·문학·자연과학에 이르기까지 여러 분야에 관한 서적을 읽으면서 어느 때 어디서인가 설법의 자료가 될 수 있다고 생각되는 내용들을 수집하여 자신의 자료집을 만드는 일이 하나의 일과가 되는 것은 당연한 일이다. 그러면서 설법자 자신의 주변에서 발생하는 사소한 사건이라도 귀담아듣고 그 속에서 발견할 수 있는 설법의 자료를 찾는 데 관심을 두어야 한다.

유능한 설법자에게는 그의 생활 모두가 설법의 준비 아님이 없다. 그의 설법에서 사용되는 좋은 예화들은 거의가 그의 생활 가운데 나투어진 깨침의 내용들이다. 신도들과의 대화, 시중의 헌화잡담 모두가 훌륭한 설법의 소재가 된다. 늘 자료수집에 관심을 가지고 사는 사람에게는 무형의 마음에서부터 비롯하여 현실의 모든 것 그리고 대하는 모든 경전이 다 마음 공부의 재료가 되는 동시에 설법의 자료가 되는 것이다.

그런데 구슬도 꿰어 놓을 때 비로소 보배가 되는 것처럼 같은 자료라 하여도 쉽게 이용할 수 있도록 효율적으로 관리하는 것이 중요하다. 이처럼 설법의 자료를 수집하고 이를 분류, 관리하며 꺼내 쓸 때에 능률적으로 하도록 하는 모든 작업이 설법의 작성에 있어서 필수적인 것이다.

(2) 자료의 종류

가. 경전과 관련된 자료

설법자료라 하면 우선 경전을 들 수 있다. 「팔만대장경」으로 표현되는 불타의 경전은 그대로가 진리의 핵심을 드러낸 중요한 교리서인 동시에, 불타의 자비로 모든 이들에게 다양하게 설한 법설이다. 따라서 경전은 그대로든 응용하여 활용하든지 간에 설법자들의 설법의 보고(寶庫)라고 할 수 있다.

많은 경전 중에서는 불타사상의 핵심을 그대로 드러낸 경전이 있는가 하면, 석존의 전생의 설화와 경구를 제시한 경전 그리고 수많은 비유와 예화를 동원하여 적절하게 삶의 지혜를 제시한 경전 등이 있다. 이러한 경전의 내용은 쓰고 또 써도 마르지 않는 샘물처럼 설법자가 필요로 하는 모든 부분의 요청에 응할 수 있을 것이다.

나. 주석서와 해설서

다음으로 들 수 있는 것은 주석서와 해설서인데, 주석서로서는 전통적으로 경의 내용을 주석한 논(論) 혹은 소(疏) 등을 들 수 있다. 그러나 이들 주석서들은 난해한 것이 많아서 설법의 직접적인 자료로 사용하기에는 무리인 것들이 대부분이다.

현대적 의미에서 주석서와 해설서로서의 역할을 할 수 있는 것은 경이나 불교의 사상들을 해설해 놓은 여러 가지 저술들을 들 수 있다. 설법을 불교교리의 하나의 해석학이라 규정할 때, 주석서 혹은 해설서, 교리별 예화집 등은 해석학의 중요한 부분이 되며, 이들의 정비가 설법의 비약적 발전을 가져올 것임은 자명한 일이다.

아직은 그러한 책들이 충분히 정비되지 않은 상태이나 여러 자료들을 잘 정리하고 읽는다면 깊이 있는 설법을 하는 데에 큰 도움이 될 것이다.

설법이 단지 재미있는 이야기의 나열이나 예화의 짜깁기가 아님을 생각한다면 교리에 바탕한 삶의 적용과 깊은 명상을 통한 교리의 이해들을 적어 자료화해 놓은 것은, 설법에 있어서 가장 기본적인 자료가 된다.

다. 각 조사 · 성인의 일화

각 조사들이나 성인들의 일화, 위인들의 생애 등도 매우 유용한 자료이다. 불교에는 수많은 보살 조사들과 고승들이 있고 이들의 사상이나 생애 그리고 일화 등은 매우 친근하고 적실한 설법의 자료가 된다.

라. 감각 · 감상의 자료

무형한 마음에 비추어 솟아나는 감각이나 현실 생활 가운데 얻는 감상 등은 청중들의 피부에 와 닿게 하는 설법의 중요한 자료가 된다. 그러나 좋은 감각이나 감상이라도 잘 정리해 놓지 않으면 설법을 준비할 때에 적절하게 활용되기 어렵다.

특히 요긴한 자료로는 때때로 솟아오르는 설법자 자신의 아이디어를 적어 놓은 것을 들 수 있다. 이는 설법자료 가운데 가장 적절하게 쓰이는 자료가 된다. 그 밖에 시사성을 띤 뉴스나 이야깃거리, 여러 종류의 예화 등으로 분류될 수 있다.

설법자의 준비 가운데 중요한 것은 설법의 동기를 촉발시키는 일이다. 즉, 설법을 하지 않으면 안 되는 자비의 마음이 샘솟도록 해야 한다. 이는 "중생이 가이없으나 남음없이 모두 건지리라"는 사홍서원에 반조하여 자비로 가득한 가슴을 소유하고 있어야 한다. 자비로 뜨거워진 가슴을 소유하고 있을 때 설법의 영감은 수없이 떠오르게 되고 그것을 전하려는 사명감에 불타게 된다. 그러한 설법자에게서 나오는 설법은 어김없이 커다란 감명으로 청중을 강타한다. 사명감에 불타는 설법자에게 훌륭한 감각이나 감상이 끊임없이 솟아나는 것은 물론이다.

(3) 자료수집의 방법

포교 일선에 나서게 되면 즉석설법을 본의 아니게 해야 하는 경우가 종종 생긴다. 따라서 포교자는 이러한 즉석설법, 또는 즉석 가르침을 펴야 하는 경우에 늘 대비하지 않으면 안 된다.

그러나 즉석설법이라 해도 실은 그 설법자의 인격과 지식과 설법적 능력에 바탕하고 있으며, 오랫동안 생각해 오던 것을 말하는 것이므로, 실은 오랫동안 준비한 설법이라 해도 좋을 것이다.

다니엘 웹스터가 의회에서 행한 즉석연설을 누군가가 칭찬하면서 그렇게 뛰어난 연설을 할 수 있다는 데에 놀라움을 표시했다. 그러자 웹스터는 "그 연설에 대한 자료는 몇 달 동안 내 책상 속에 있었소"라고 대답하였다. 비록 그 연설이 즉석에서 이루어진 것이었지만 실은 오랫동안 주제에 대하여 생각을 정리하고 자료를 모아 왔던 결과이다. 이처럼 평소 자료를 모아 두는 것은 설법자로서 매우 중요하다.

일상생활 가운데 얻어지는 자료를 모아 두는 방법에는 여러 가지가 있다. 책을 읽고 필요한 것을 메모하고 팸플릿을 모으고 신문이나 잡지에서 스크랩을 하고, 요즈음에는 복사기가 일반화되었으므로 복사를 하여 자료화하는 방법도 있다. 그러나 오늘날 가장 중요한 것은 컴퓨터를 활용한 자료수집이다. 이처럼 평소에 자료를 모아서 분류하는 방법으로서 대체로 다음과 같은 몇 가지 방법을 들 수 있다.

가. 노트 이용법

이 방법은 오랫동안 그리고 가장 널리 사용된 방법이며 손쉽기도 하다. 노트를 늘 준비해 가지고 다니며 필요한 때에 즉석에서 메모해 두고 자료로 삼는 방법이다. 이름 있는 설법자들은 반드시 필기도구를 준비해 가지고 다니다가 필요한 자료들을 메모하는 습관을 가지고 있다. 그런데 이 방법은 정리하여 다시 사용하는 데에 결정적인 결함이 있다. 또 분량이 많은 자료를 정리하는 데에는 많은 시간이 든다는 점과 이미 적어 놓은 자료의 분류와 효과적인 활용작업이 불가능하다는 단점이 있다. 저녁시간이나 따로 시간을 내어 다시 정리한다는 게 얼마나 어려운 일인지 바쁜 포교현장에서 살아 본 사람이라면 누구나 알고 있을 것이다. 따라서 이 방법은 부득이한 경우가 아니면 지양하는 것이 좋다.

나. 카드 이용법

설법자는 일상생활 가운데 언제나 카드를 몇 장씩은 가지고 다니는 습관을 기르는 것이 좋다. 그리하여 이를테면 독서, 방송청취, 신문구독 중에 발견되는 설법의 자료들을 적어 두는 것이 좋다. 설법의 자료는 그것에 그치는 것이 아니고 감각감상, 역사적 사실, 신도들과의 상담중 얻게 되는 자료나 남에게 얻어들은 예화에 이르기까지 실로 광범위하고 방대하다.

카드는 휴대가 간편할 뿐만 아니라 이용할 때에 분류가 매우 편리하다는 장점도 가지고 있다.

■ **카드사용 시 주의할 점**

① 카드는 규격품을 사용해야 한다. 대체로 ㉠ 135mm×85mm의 도서관용 목록카드 ㉡ 165mm×115mm의 소형 독서카드 ㉢ 200mm×140mm의 대형 독서카드가 주위에서 쉽게 구입할 수 있는 것들이나 이 가운데 ㉡의 소형카드가 저렴하며 구입하기도 쉽고 휴대 및 기입에 편리하다.

② 자료의 끝에는 반드시 자료의 출처를 명기해야 한다. 이는 후일 자료 이용 시에 상황을 연상하는 데에 상당한 도움을 줄 뿐만 아니라 자료의 신빙도를 점검하는 데 있어서 필수적이다. 따라서 모든 자료는 본인의 감상이나 잡담의 경우까지도 날짜와 상황을 반드시 기입해 두어야 한다.

③ 역사적 사실 또는 뉴스 등은 특히 신용할 만한 자료를 선택하도록 주의해야 한다. 청중이 이미 알고 있는 사실인

데 인명이나 시대, 나라 등을 잘못 전할 때 설법 전체의 신용도에 미치는 영향은 대단히 크다.

④ 카드에는 자료의 적당한 제목과 내용을 연상시킬 수 있는 핵심단어(key word) 그리고 가능하다면 교리와의 연관관계를 적어 놓으면 효과적이다. 이는 자료분류 및 자료 이용에 크게 유용하다.

■ 카드정리 방법

① 카드는 수집하는 순으로 정리하여 일련번호를 매겨 두고 컴퓨터를 이용하여 분류할 수 있다. 만약 컴퓨터를 사용할 수 없을 때는 설법자의 서가에 도서목록을 만들거나 색인을 만드는 것도 좋다.

② 카드를 컴퓨터로 정리할 수 없을 때는 이것도 가나다 순으로 정리하는 방법이 좋다. 예를 들어서 '수양'이라고 하는 주제로 설법을 한다고 할 때 자신의 카드함 가운데에서 '수양' 항목의 카드함을 찾아보면 그에 관한 불전, 각종 책에서 발췌한 내용, 예화, 명언, 귀감이 될 만한 사건, 교훈 등이 기록돼 있음을 보게 된다. 예화나 사건 중에서도 '수양'이라는 말이 한 마디도 나오지 않으면서도 좋은 느낌을 주는 내용들이 나오게 마련이다. 그런 것은 본인의 자료가 아니면 어디에서도 찾을 수 없는 소중한 것들이다. 이러한

자료를 많이 모아 두었을 때 내실있는 설법을 할 수 있다.

③ 이렇게 관련된 자료들은 일단 뽑아 내어 설법안을 작성할 때까지 책상 위에 놓아 두었다가, 설법안 작성이 완성되면 사용한 것과 사용하려고 계획했으나 사용하지 못한 것들을 구별한 다음 사용한 카드는 별도의 함에다 넣어 두고 사용하지 않은 카드는 원상복귀시킨다.

④ 한 번 사용한 카드는 반드시 설법의 제목 및 날짜를 적고 모아서 일 년분을 일정한 함에 넣어 연도를 명기해 둔다. 이들을 연도별로 보관해 둔 다음 10년 전의 것은 다시 사용해도 좋을 것으로 생각된다. 이렇게 할 경우 예화의 신선도를 유지할 수 있고 중복을 확실하게 피할 수 있다.

⑤ 카드의 정리는 컴퓨터의 사용이 보편화된 요즈음 컴퓨터와 관련시키지 않을 수 없다. 이에 대한 구체적인 방법은 뒤에 나오는 컴퓨터 이용법을 참고하기 바란다.

다. 자료함 이용법

자료함을 이용하는 데에는 두 가지 방법이 있다.

① 크기나 두께가 일정하지 않은 자료들, 예를 들면 팸플릿이라든가 책자 등을 자료함에 넣어 보관하는 방법이다. 이는 다음에 제시할 바인더(binder)를 이용하는 방법과 대동소이하다.

② 설법의 주제를 정하고 그 주제를 붙여 둔 자료함을 마련해 두고 자료를 수집하는 방법이다. 예를 들면 일 년간의 전체적인 포교 및 설법의 방향을 설정하고, 각 설법의 주제를 붙인 봉투 또는 자료함을 준비해 둔다. 여기에 감상 및 예화 그리고 설법의 구상들을 생각나는 대로 손에 닿는 대로 집어넣어 둔다. 이렇게 모아 두면 때없이 번득이며 솟아나는 설법의 지혜를 잃어버리지 않고 활용할 수 있다.

설법할 날이 되어 그 봉투를 열고 아이디어와 예화자료 등을 정리해 보면 쉽게 좋은 설법을 얻게 된다. 봉투를 이용하는 방법은 카드의 경우와는 달리 신문 오린 것, 단상(斷想)을 적어 놓은 메모지 등 어떠한 형태의 자료도 모아 둘 수 있으며 처음부터 주제별 모집이 가능하므로 자료를 뽑아 내는 수고를 덜 수 있다.

이 경우에 주의할 것은 먼저 일 년의 포교계획 및 설법의 주제가 잡혀 있어야 한다는 점이다. 그리고 자료함을 열어 보면 자료 가운데 그때의 설법주제에 맞지 않는다든지 자료가 넘치는 경우가 있다. 그럴 경우 그 자료는 반드시 다른 적당한 봉투에 넣어 두어 후일에 사용 가능하도록 한다.

라. 바인더 이용법

카드로 저장하기 어려운 자료, 예를 들면 신문이나 잡지의 스크랩, 포교원 법회안내장, 여러 장 분량의 논문이나 기사 등은 카드로 정리하기가 어려우므로 바인더를 이용하여 모아 둔다. 신문이나 잡지 등의 원본이나 복사본은 바인더 안에 집어넣기도 하고 얇은 책자는 그대로 구멍을 뚫어 정리한다.

자료를 정리하는 방법은 카드의 경우와 같이 컴퓨터로 처리하는 경우가 있겠고 그렇지 않으면 항목별로 정리하는 방법이 있다.

항목의 경우는 우선 '불타의 생애' '화엄' '선' 등과 같이 교리별로 정리해 두는 방법이 있다. 그러나 실제로 설법자의 손에 닿는 자료는 교리별 항목에 다 넣을 수 없는 문제가 생기고, 또 시간이 지날수록 다양하고 복잡해져 가므로 점차 바인더를 늘려 가며 새로운 항목을 추가해 나가야 한다.

따라서 처음부터 단어 하나에 따른 바인더를 가나다순으로 정해 놓는 것이 정리하고 찾아보는 데에 편리하다. 백과사전을 연상하면 쉽다. 만약 정리하다가 자료가 늘어나는 경우에는 예를 들어 '아들'과 '아저씨'라는 두 개의 단어 사이에 '아버지'라고 하는 하나의 항목을 더 만들면 된다. 어느 기독교 목사의 경우는 5~6천 개의 타이틀을 가진 바인더가 있다고 한다.

그런데 시간이 지나다 보면 자료가 많아져서 불편함을

느끼게 되므로 5~6년 단위로 한 번씩 점검하여 불필요한 자료는 없애 버리고 그 빈 자리를 새로운 자료로 메워 나가면 좋을 것이다.

한 번 사용한 자료는 중복사용을 피하기 위해 바인더의 각 장 옆에 여백을 만들어 두고 그 옆에다 언제 사용했다고 메모해 둔다. 그렇게 해서 단시일 내에 중복 사용되는 것을 피해야 한다.

자료의 수집과 정리를 전문적으로 도와줄 수 있는 요원을 확보하는 것도 형편에 따라 고려해 볼 만하다.

마. 컴퓨터 이용법

컴퓨터는 빠른 속도로 발달하고 있고, 소형화 경량화 되고 있으며 그 프로그램 역시 다양하게 발달을 거듭하고 있다. 따라서 설법 준비와 작성에 컴퓨터가 이용될 수 있는 영역은 대단히 커지고 있다. 우선 자료수집에 있어서도 입력 또는 스캐너를 사용할 경우 자료의 무한정인 저장과 효과적인 편집이 가능하게 되었다. 그리고 음성감지 프로그램 등이 개발됨에 따라 설법의 작성에도 획기적인 혁신이 예상된다. 뿐만 아니라 인터넷 등 통신기능 등을 이용할 때 상호간의 자료수집이나 교환도 매우 쉽게 되었다. 컴퓨터는 앞서 제시한 자료수집의 방법이나 설법안의 작성 등 모든 영역을

커버하는 편리함을 제공한다.

　앞으로의 설법은 컴퓨터를 떠나서는 생각할 수 없을 정도로 컴퓨터의 활용도는 거의 무한하다. 앞서 제시한 자료 수집 및 정리기능을 컴퓨터가 거의 대신할 수 있음은 물론이다. 따라서 설법의 전 영역에 걸쳐서 컴퓨터에 대한 보다 효과적인 활용방안을 연구해야 할 것이다.

　워드프로세서를 이용한 예화 등 자료의 정리와 찾기는 각자가 파일을 만들어 정리하여, 필요한 경우 워드의 '찾기' 기능을 이용하여 빠르고 편리하게 정리하고 활용할 수 있다.

예 ❶

'자료의 제목' : '키워드' (주제별, 소재별, 시간별) : '자료를 찾은 일자'

-------- 본 문 --------

'자료의 출처' '예화를 사용하여 설법을 한 시간과 장소'

　이상의 예에 바탕하여 하나의 자료항목을 만들어 보자. 이는 앞서의 카드 작성과 대동소이하다.

> 예 ❷
>
> 모르고 짓는 악행 : 인과, 악행, 지혜, 달군 쇠붙이: 1997. 7. 30.
>
>   밀린다 왕은 나가세나에게 물었다.
> "스님. 알면서 나쁜 짓을 하는 사람과 모르고 하는 사람 중 누가 더 큰 화를 입습니까?"
> "몰라서 나쁜 짓 하는 사람이 더 화를 입습니다."
> "그렇다면 우리 왕자나 대신들이 모르고 잘못을 범한다면 그들에게 갑절의 벌을 내려야 하겠습니까?"
> "임금이시여, 어떻게 생각하십니까? 이글이글 단 쇠붙이를 한 사람은 모르고 잡았고 한 사람은 알고 잡았다고 하면 어느 사람이 더 심하게 데겠습니까?"
> "모르고 잡은 사람이 더 심하게 뎁니다."
> "그와 마찬가지로 모르고 악행을 하는 사람이 더 큰 화를 입습니다."
> "잘 알겠습니다. 나가세나 스님."
>
>   『밀린다팡하』 1. 2007년 5월 1일 조계사 법회
>   2. 2007년 11월 24일 직지사 법회

   자료의 제목은 그 자료를 대표할 수 있는 제목이면 되겠다. 자료를 입력하는 것은 카드작성의 경우와 대동소이하나

다만 컴퓨터의 경우에는 저장을 컴퓨터에 하고, 그것을 찾는 것도 매우 손쉽다는 장점이 있다. 또한 설법안을 컴퓨터로 작성하는 경우, 편집기능을 활용하면 손쉽게 설법안을 정리할 수 있다.

키워드는 나중에 검색시에 편리함을 위하여 주제와 소재 그리고 시간 등 세 가지의 키워드를 자신이 찾을 수 있는 단어로 전환하여 여러 개 입력하여 두는 것이 좋다.

주제별 키워드는 그 자료를 사용할 수 있는 설법을 다양하게 입력한다. 소재별 키워드는 그 자료가 가지는 여러 가지 키워드를 말한다. 또한 시간별 키워드는 그 자료가 시간적인 설법 소재와 관계있을 때를 말한다. 가령 부처님 오신 날의 설법에 사용할 예화라든지, 혹은 위인의 생일 등에 사용할 수 있는 소재를 말하는 것이다.

그리고 본문을 입력한 후, 자료의 출처를 입력하는 것을 잊지 말아야 한다. 입력되어 있는 본문의 내용이 부실하여 후에 보충하려는 경우와, 또 연관된 다른 내용을 찾기 위해서 자료의 출처는 꼭 적어 두어야 한다.

끝으로 그 예화를 사용한 장소와 시기를 적어 두는 것이 좋다. 이는 같은 대중에게 같은 예화를 여러 번 사용하는 것을 피하기 위해 필요하다.

컴퓨터의 경우 그 프로그램이나 활용방안은 매우 빠르고

다양하게 발전하므로 그에 적합한 나만의 방식을 개발할 필요가 있다. 그리고 인터넷 역시 보편화되어 있으므로 이를 이용한 자신만의 자료 발굴 방안을 마련해야 한다.

제 2 장 설법안 작성의 실제

1. 전체적 방향의 점검
2. 주제의 착상
3. 교리적 근거의 설정
4. 설법의 골자와 골격의 구상
5. 제목의 구상
6. 본론의 작성
7. 서론 및 결론의 작성
8. 전체 원고의 수정

1. 전체적 방향의 점검

전체적 설법방향의 점검이란 전체적인 설법의 흐름 속에서 이번 설법의 방향을 구상하는 것이다.

전체적 설법계획에 대하여 말한다면 되도록이면 일 년간의 설법을 미리 계획하는 것이 최선이다. 그렇다면 설법자는 그 주에 무슨 주제의 설법을 할 것인지 미리 알게 된다. 그것은 설법주제를 매주 계획하는 데에서 오는 긴장을 경감시켜 줄 것이며, 주제를 미리 정해 놓음으로써 그 주제에 대한 자료수집이나 연마도 가능하게 된다.

일 년의 계획을 짜면서 고려해야 할 사항은 각 경절 및 절후를 고려해야 하고, 전체적인 일 년의 포교방향 그리고 지난 일 년의 포교와 설법의 평가를 통하여 어떤 점이 부족했던가에 대한 반성이 있어야 한다. 그리고 신도들의 필요와 포교적 요구들을 피드백하여 점검하는 것도 설법의 전체방향을 설정하는 데에 중요한 사항이 될 것이다.

그러나 장기적인 설법의 방향과 그에 따른 주제를 미리 정해 놓았다 하여 반드시 그대로 어김없이 설법이 이루어질 수는 없다. 포교현장에 살다 보면 그때그때의 상황이나 신도들의 요구, 그리고 사회적인 상황의 변동에 따라 그에 대한 응답을 설법으로써 풀어 주어야만 하는 상황이 생기게 마련이다. 그러나 그러한 돌발적인 상황이 생긴다고 하여 전체적인 설법의 흐름을 무시하고 전혀 엉뚱한 방향으로 주제를 정하기보다는 전체적인 흐름을 존중하면서 그때그때의 상황에 대처하는 것이 좋으리라 본다.

그러한 일 년간 혹은 한 달간의 설법의 전체적인 흐름 속에서 이번 설법의 대체적인 흐름의 방향을 설정하는 것이 설법 전에 먼저 점검해야 할 사항이다.

2. 주제의 착상

(1) 주제의 정의

주제(theme)란 설법내용의 범위를 한정해 주는 단어나 구(句)이다. 일반적으로 설법에서 주제를 필요로 하는 것은 건축에 있어서 설계도를 필요로 하는 것이나 소설에서 구성을 필요로 하는 것이나 같은 맥락이다. 오늘날 많은 불교설법 가운데 분명한 주제가 결여되어 그 내용을 이해하기가 어려운 것이 있는데, 주의해야 할 부분이다.

주제가 없는 설법은 사방으로 범람하는 홍수와 같다. 그러나 주제가 있는 설법은 확실한 방향을 가지고 둑 안을 흐르는 강물과 같아서 의도된 효과를 거둘 수 있다. 홍수는 대단한 힘을 가졌지만 강이 사람에게 주는 유익성에 비하면 보잘것없다. 또한 기차가 힘찬 추진력을 가졌다 해도 그것이 철로 위에 있지 않으면 아무 곳에도 갈 수 없듯이, 설법

역시 강한 힘을 가졌다 할지라도 주제를 따라 나아가지 않으면 목적하는 바를 달성할 수 없는 것과 같다.

보통 한 단어로 표시되는 일반적 주제는 다시 좀더 작은 범위를 포괄하는 특수주제들로 나누어진다.

존 베어드(John E. Baird)는 "주제란 문제가 든 상자와 같다. 큰 상자 안에는 작은 상자들이 들어 있고 또 그 작은 상자에는 각기 더 작은 상자들이 들어 있는 것이다"라고 말하고 있다. 이를테면 '신앙의 틀을 확립하자' 라는 일반주제가 있다면 특수주제는 그러한 일반주제의 내용을 보다 세분하여 '바른 부처님 신앙에 대하여' '불교신도의 신앙적 삶' 등으로 나눌 수 있는 것이다.

설법작성의 첫단계는 설법자의 마음 속에서 그러한 주제의 착상을 구상하는 일이다. 이러한 구상은 어느 한순간, 번개처럼 신비한 영감이 떠오르기도 하고 책이나 뉴스를 통하여 또는 대화중에도 떠오를 수 있으며 경전을 대하다가 착상이 되기도 한다.

이처럼 설법주제의 착상은 삶의 경험과 관련된 진리에 대한 통찰에서 이루어지는 것이다. 그러나 평소에 기발한 영감만을 믿고 주제설정에 게으르다 보면 실수하는 경우가 있다. 때에 따라 떠오르는 착상은 그때마다 수용한다 하더라도 주제의 착상은 과학적인 관리를 하지 않으면 안 된다.

그러므로 설법주제의 계획된 프로그램이 필요하게 되며 연초에는 반드시 일 년의 포교계획에 수반한 설법계획을 세워 두어야 한다. 이러한 계획에 의하여 진행해 가며 때로 상황에 따라 변경할 수도 있다.

(2) 주제 착상의 종류

가. 경험에서 오는 착상

구체적인 인간의 문제들과 그것에 대한 불교적인 대답이 불교설법의 목표 가운데 하나라면, 설법자가 청중을 알고 그들의 요구를 이해하게 될 때 설법에서 말해야 할 주제가 뚜렷해진다. 그러므로 설법자는 청중이 요구하는 것이 무엇인지 알아야 한다.

그러기 위해서 우선 설법자는 인간 일반에 대한 지식을 가지고 있어야 한다. 아무리 시대가 바뀌어도 변치 않는 인간의 욕구, 즉 탐·진·치에 물들어 있는 실상을 알고 그들에게 그 사실을 깨우쳐 주며 본연의 맑고 밝은 성품을 회복하도록 인도하여야 한다.

그리하여 삶이란 무엇인가? 삶의 가치는 어디에 있는가? 슬픔과 비극의 본질은 무엇인가? 또한 죽음은 무엇이며 그

의미는 무엇인가? 죽음 이후에는 어떻게 되는가? 왜 불법을 믿어야 하며, 수행을 해야 하는가? 등의 물음에 대한 답을 지니고 있어야 한다.

또한 설법자는 청중이 살고 있는 시대에 대하여 알고 있어야 한다. 설법자는 흔히 그 시대에 대한 지식의 부족으로 인하여 어려움을 겪는다. 그러므로 설법자는 개개의 인간들로 구성되는 역사와 삶의 전체적인 영역에 대하여 많은 것을 알아야 할 필요가 있다.

사람들의 생활 속에서 나타나는 기쁨과 슬픔의 순간에 대하여도 알 필요가 있다. 세상에는 결혼이나 새 생명의 탄생, 처음 학교에 가거나 졸업할 때, 처음 직장에 나가거나 승진 등의 많은 일들이 일어난다. 설법자는 이러한 생의 의미, 깊고 중요한 순간들과 기간들, 사춘기, 청년기에서 일어나는 일, 그리고 생의 중간시기와 노년기에 대하여 알 필요가 있다.

인생에는 뜻하지 않은 경제적 곤란을 당하는 일이 있기도 하고 사랑하는 자녀를 잃는 슬픔도 있다. 설법자는 이러한 청중의 삶을 함께 나누어야 한다. 그들의 눈과 경험을 통하여 삶을 바라봄으로써 그들을 이해하게 되는 것이다. 그러기 위해서 설법자는 모든 중생을 한없이 사랑하는 자비의 마음을 지녀야 한다.

설법자가 청중을 알 때 비로소 설법에 대한 소재와 가능성은 한없이 널려 있게 된다. 설법의 착상은 사람들의 삶과 경험 속 그 어느 곳에서든 가능하다. 설법자는 단지 눈을 활짝 뜨거나 귀를 기울이는 것만으로 무궁한 설법의 소재를 찾을 수 있다.

설법자는 중생에 대한 한없는 자비와 교법에 대한 확신만으로도 끊임없이 솟아나는 설법의 착상을 경험하게 된다. 특히 참선이나 기도 뒤에 그러한 설법의 아이디어가 많이 떠오르는 것은 설법자라면 누구나 일반적으로 경험하는 일이다.

설법의 아이디어는 때를 가리지 않고 떠오른다. 그러므로 설법자는 언제나 비망록 또는 카드를 가지고 다니는 것을 습관으로 삼아야 한다. 하룻동안 대화하고 방문하고 독서하거나 산보하고 다닐 때에 예기치 않은 착상을 언제나 잊지 않고 수용할 수 있도록 늘 준비하고 있어야 한다는 말이다.

나. 불전에서 오는 착상

불전은 경·율·논의 삼장과 기타의 모든 불교관계 고전들을 포함한 개념이다. 특히 불경에는 석존의 심오하고 유익한 경륜과 사상이 들어 있다. 더구나 그 속에는 석존의 안

목에 비친 세상의 수많은 일들이 제시되어 있다. 즉, 우리는 불전을 통하여 우리에게 닥치는 현실의 모든 문제들에 대하여 불타의 지혜에 빗대어 해답을 제시한 수많은 설법의 예를 접할 수 있다.

설법자는 현실을 불전의 내용에 비추어 그 해답을 설법의 소재로 활용할 수 있다. 그뿐만 아니라, 설법자가 불전을 읽어 갈 때 그것을 통하여 무궁한 지혜를 접할 수 있어 설법의 착상에 응용할 수 있다.

불전의 내용을 설법의 소재로 사용할 때는, 설법의 대상이 될 청중의 지적 수준이나 그들이 필요로 하는 것을 고려하여 결정해야 한다. 전달될 불전의 내용은 비교적 단순하고 쉬운 것을 선택해야 한다. 불전을 이해하기란 만만치 않으며, 더욱이 때로 설법의 내용이 불전을 읽는 것보다 더 어렵다는 사실을 우리는 종종 경험한 바 있으니, 설법자는 이를 충분히 인식하고 검토해야 한다.

불교의 교리나 불경의 구절을 설법의 소재로 사용할 때 같은 소재가 자주 사용된다고 해서 그것을 꺼릴 필요는 없다. 우리에게 친숙한 구절들은 오히려 설법의 무진장한 자원들을 제공해 주기 때문이다. 다만 새롭고 신선한 것이 되도록 해석과 접근을 달리하면 될 것이다.

다. 설법계획표에서 오는 착상

설법계획표는 설법자에게 상당한 이점을 제공한다. 그것은 먼저 설법자가 무엇을 설법해야 할지를 알게 해준다. 그리고 설법자로 하여금 매주 주제를 선택해야 한다는 중압감에서 벗어나게 해준다. 그리고 무엇보다 커다란 이점은 설법에 대한 연마가 수시로 이루어지게 된다는 것이다. 연마뿐만이 아니라 설법주제에 따른 적합한 자료와 예화를 수집할 수도 있다.

대체적으로 일반주제는 일 년 또는 일정한 기간의 전체적인 주제에 적당하고, 특수주제는 매주 또는 짧은 기간의 주제에 적당하다. 주제는 일 년분, 적어도 삼 개월분을 미리 정해 놓는 것이 좋고, 제목은 그때 그때 붙여도 좋다. 때로 급박한 사정으로 인하여 계획된 프로그램을 변경해야 할 경우가 발생할 수 있으나, 가능한 한 빨리 원래의 계획으로 돌아가야 한다.

주제와 연관하여 자료수집방법을 생각해 보자. 우선 적어도 일 년의 일반주제와 그에 바탕한 각 주별 주제를 설정한다. 그리고 바인더 혹은 봉투를 사용하여 주별 주제별 자료함을 마련해 둔다. 그리고 연구와 포교 그리고 감각·감상을 통하여 얻어지는 자료들을 수시로 그 봉투에 넣어 둔다. 그 주제의 설법을 해야 하는 시기가 돌아오면 봉투 안에 모여진 자료들을 상당부분 사용할 수가 있을 것이다. 이 방법은 자료를 효과적으로 수집하는 방법이기도 하며, 또한 설법의 주제에 대하여 늘 연마가 되므로 설법내용계발에도 상당한 도움이 되기도 한다.

봉투가 번거롭거나 여건이 허락된다면 약식으로 큼직한 종이를 달력처럼 여러 장 붙여 각각의 종이에 주제와 날짜를 적어 놓고 특별한 사항과 예화 그리고 중요한 착상들을 생각나는 대로 적어 놓는다. 그 해당되는 날짜가 되면 그것을 떼어 내어 착상을 정리하는 방법도 생각해 볼 수 있을 것이다.

(3) 주제 선정의 원칙

가. 흥미 있는 주제

주제를 선정하는 원칙 중에서 가장 중요한 것은 그 주제가 설법자 자신에게 흥미를 유발하는 것인가, 즉 그 주제는 당신에게 감동을 느끼게 하는가 하는 점을 고려해야 한다는 점이다. 만일 그렇지 않다면 그 주제는 버려야 한다. 설법자의 신앙과 수행의 의지에 불을 붙이지 못하는 주제라면 아무에게도 불을 붙이지 못한다. 또한 설법자에게 흥미를 유발시키지 못하는 주제라면 아무에게도 흥미를 유발시키지 못한다. 그와 반대로 설법자 자신을 사로잡을 만한 흥미 있는 주제라면 일단 어떠한 청중도 사로잡을 수 있는 주제가 될 것이다.

나. 적당한 크기의 주제

주제에 따라서는 그 크기가 한 번의 설법으로는 다루기 어려운 광범위한 것이 있고 때로는 너무 작은 것도 있다. 그러므로 하나의 주제가 잡혔다 할지라도 한 번의 설법으로써 너무 크거나 너무 작은 경우 그 설법시간에 맞게 확대 혹은 축소시켜야 한다.

예를 들면 '대승기신론과 수행'이라는 주제는 한 차례의 설법에 다루기 어려울 정도로 광범위하며, '참선의 호흡법'은 한 차례의 설법주제로는 아무래도 부족하다고 볼 수 있다.

일부 불교 설법자들은 한 차례의 설법 안에 지나치게 많은 내용을 전하려 하는 경향을 지니고 있다. 그러다 보니 일회분의 설법 안에 너무나 다양한 주제를 거론하는 경우가 있다. 그런데 더욱 위험한 것은 그러한 경향이 자신의 취향에 따라 설법 때마다 반복될 수 있으므로, 매 설법마다 같은 내용인 것 같은 느낌을 청중에게 줄 위험이 있다.

한 편의 설법에 너무 많은 자료를 싣는 것은, 자료가 충분치 못한 만큼이나 현명하지 못한 일이다.

다. 필요한 주제

그 주제가 청중의 상태와 구성 그리고 그들의 요구에 맞는 것인가를 고려하여 주제를 선택하여야 한다. 청중분석을 못하는 엄청난 실수는 변명의 여지가 없다. 설법은 반드시 그것을 듣는 청중을 위한 것이다. 부처님의 설법도 그 대상에 따라서 그 내용이 같은 적이 없었다. 그 주제가 설법을 듣게 될 청중에게 필요한 것인지에 대한 고려를 충분히 하지 않으면 안 된다.

라. 명확한 주제

설법을 준비할 때 명확하지 않은 주제는 당연히 설법할 때에도 청중의 혼란을 야기하게 된다. 주제가 명확하지 않으면 청중들은 확신 없이, 수확 없이 돌아가게 된다. 주제가 명확할 때 청중은 설법의 방향을 짐작하게 되고 설법자의 의도를 이해하게 된다. 설법의 주제가 명확한지 다시 한 번 살펴볼 필요가 있다.

마. 시의 적절한 주제

설법의 주제가 그 절기나 사회적 상황에 적합한가를 살

펴야 한다. 이를테면 사월 초파일의 설법에서 '부처님의 열반의 의미'라는 주제로 설법한다면 시의에 적절하다고 보기 어렵다. 그 밖에 청중의 구성이나 상태 장소 등도 고려해야만 한다.

3. 교리적 근거의 설정

 설법은 교리적 근거를 명확히 해야 하며 그에 합당한 경구가 있을 경우 이를 마련하여 인용하는 것이 좋다. 그렇지 않을 경우 도덕강좌나 평범한 교훈적 내용으로 흐를 우려가 있다.
 기독교 설교학의 경우를 보면 어느 설교학 교과서를 보아도 설교의 착상 후에는 반드시 성경 안에서 관련 있는 구절을 찾아 근거로 삼는 동시에 '본문'을 삼도록 권하고 있다. 실제로 기독교 설교에는 본문 설교라는 장르가 가장 주된 설교의 형식으로 생각될 만큼 중시되고 있다. 성경의 한 글자 한 구절도 신의 말씀이라는 축자영감설(逐字靈感說)에 기초하여 이를 선포하려는 것이 기독교 설교의 목적이 되고 있기 때문이다.
 그러나 불교의 경우는 꼭 그럴 필요는 없다고 본다. 불전의 양이 성경과 비교될 수 없을 만큼 방대하고, 그 내용도 몹시 다양하며, 신앙형태도 인류역사상 출현한 모든 신앙형태를 망라한 구조로 되어 있다. 따라서 축자영감설과 같은 사고에 얽매이는 것이 우스운 일일지도 모른다.

  그렇다고 하여 경의 말씀과 동떨어진 설법을 해도 좋다는 뜻이 아니므로, 설법을 구성할 때에 관련 있는 교리나 말씀의 연관관계를 생각하면서 하는 것이 좋을 것으로 생각된다. 그렇다고 대부분의 기독교 교역자들의 경우처럼 경전의 내용을 설법의 서두에서 반드시 인거(引據)하고 설법을 전개하는 형식을 견지할 필요는 없다고 본다. 다만 경전에 충실하려는 태도를 가지는 것이 중요하다.

4. 설법의 골자와 골격의 구상

(1) 골자의 작성

가. 설법안 작성과 골자

  설법의 골자는 주제를 하나의 문장으로 작성해 보는 것이다. 이는 설법의 골자를 한 문장으로 표현한 것으로 '명제'라고도 한다. 숙련된 설법자에게는 이 과정이 필요치 않을 수도 있으며, 실제로 골자가 없어도 설법안이 작성되는 데에는 큰 문제가 없다. 그러나 설법작성시에 일단 골자를 작성하면 대단히 효과적이라는 사실을 알게 된다.

  골자는 주제를 한 문장으로 표현한 것임과 동시에 전체 설법을 하나의 문장으로 줄여 만든 것이라고 볼 수가 있다. 따라서 골자는 주제를 명확히 하고 목적을 구체화하기 위하여 정리한 것인데, 이를 작성하면 설법의 목적과 작성의 일관성을 위하여 효과적이다.

  때로는 이 골자를 처음 설법의 전제로써 사용할 수도 있고, 설법시에 적절히 반복함으로써 청중의 기억 속에 설법의 요지를 깊이 심어 놓는 역할을 하기도 한다. 그러므로 설법의 골자는 간결하게 요약된 설법이자 설법의 핵심이다.

  존 헨리 조웨트(John Henry Jowett)는 설교의 골자를 정하는 일에 대하여 다음과 같이 말한다.

  우리가 수정(水晶)만큼이나 분명하게 짧고도 함축성 있는 문장으로 주제를 표현할 수 있을 때까지는 아직 그 설교를 쓸 수도 말할 수도 없다. 나는 나의 탐구생활에서 그러한 문장을 얻는 것이 가장 어렵고 가장 힘들고 가장 유익한 일임을 알게 되었다. 스스로 그러한 문장을 만들어 내고 희미하고 잘 맞지 않고 모호한 모든 말을 버리며 빈틈없이 정확하게 주제를 규정해 주는 것이야말로 설교를 준비할 때 가장 중요하고 본질적인 요소이다. 그러므로 그런 문장이 구름 한 점 없는 아침처럼 깨끗하고 맑게 떠오를 때까지는 설교를 해서는 안될 뿐 아니라 심지어는 원고를 써서도 안 된다고 생각한다.

나. 좋은 골자의 조건

■ 단순한 문장

설법의 골자가 몇 개의 문장으로 이루어지면 핵심이 흐려지고 주의가 산만하여 설법 작성시에 혼란을 가져올 수도 있다. 그것을 설법시에 가끔 반복하여 강조할 때에도 여러 개의 문장일 경우는 혼선을 가져올 우려가 있다. 청중은 간단하고 단순한 것을 좋아한다.

■ 설법내용의 요약

설법작성의 기초에 골자가 필요한 것은 설법의 효과적 전달과 핵심의 일관된 흐름을 위해서다. 그러므로 설법자가 설법을 작성할 때 설법내용의 완전한 요약인 골자를 정해 놓고 시작하면 설법의 중심적 의도에서 벗어나지 않고 청중들은 설법을 들을 때 신선한 느낌과 더불어 핵심을 전해 받게 된다.

■ 세련된 문장

설법의 골자는 설법의 핵심내용을 한 문장으로 작성한 것이며, 때로 설법중에 반복 강조하는 데에 사용될 수 있으므로 진부하지 않고 세련된 문장으로 작성하는 것이 필요하다.

■ 몇 가지 골자의 예

① 이 세상의 모든 병을 치료하는 것은 마음 다스리는 것에서 비롯됩니다.

(제목 : 모든 병의 근원)

② 상구보리 하화중생의 보살의 삶이 진정 가치 있는 삶입니다.

(제목 : 보살의 삶)

③ 생활 속의 모든 행위를 부처님께 올리는 기도로 삼읍시다.

(제목 : 진정한 기도)

④ 믿음은 도의 근원이며 모든 공덕의 어머니입니다.

(제목 : 믿음의 길)

(2) 골격의 구상

가. 골격구상의 이점

형성한 골자에 바탕하여 이제까지 수집한 자료들을 연결시키면 대체적으로 설법의 골격이 형성된다. 설법의 전체적 흐름이 잡히면 힘 있고 생기 있는 설법이 되도록 그 자료에 힘과 생기를 불어넣는 작업이 필요한데, 이것이 골격의 구상과정이다.

골격의 구상이란 좋은 설법을 낳기 위하여 부처님께 청심으로 기도하고, 때로 정좌하며, 때로 혼자만의 시간을 가져 설법의 내용을 정리하며 설법의 아이디어를 창출하는 것까지를 모두 포함한다.

이러한 과정을 거치는 동안 설법은 골격이 잡히고 더욱 심화되는 가운데 풍부함과 그 설법의 위력이나 감화를 더하게 된다.

물론 숙련된 설법자는 골격을 구상하는 일이 그다지 어렵지 않을 뿐만 아니라 설법안을 작성하는 과정에서 골격을 구상하려는 노력을 따로 하지 않아도 된다고 생각한다. 그러나 초입 설법자는 이러한 골격구상의 단계를 성실히 준수하여 스스로의 역량을 키워 나가는 계기로 삼지 않으면 안 된다.

같은 불전의 구절을 새기더라도 깊은 명상을 거쳐 나온 것과, 그렇지 않은 설법과는 전달력 효과면에서 차이가 난다. 그러므로 설법자는 설법작성을 위한 시간과 장소를 소중히 알고 그의 확보에 노력하여야 한다.

나. 골격구상의 방법

설법의 골격을 구상하는 데에는 다음의 사항을 참조하면서 하는 것이 좋다.

- **마음 내키는 대로 읽되 주제와 연결하여 생각하라**

처음 설법을 구상할 때에는 평소의 아이디어를 무작위로 적어 보는 것도 좋으며 이러한 과정중에 설법을 준비하는 설법자 자신의 내면에서 자신도 모르는 힘이 솟구치는 경험을 하게 된다. 설법의 준비 과정중에 느끼는 강렬한 감동과 힘은 실제로 설법현장에서 설법자에게는 자신감으로, 청중에게는 깊은 감명으로 되살아남을 체험할 수 있다.

어떤 때에는 모든 자료가 다 수집된 후에도 설법을 준비하는 설법자 자신이 전혀 열정을 느끼지 못하는 수가 있다. 이러한 때에는 그 자료를 보류해 두는 것이 좋다. 설법자 자신에게 흥미나 유익함이 없는 소재는 청중에게도 마찬가지의 결과를 가져오기 때문이다.

마음 내키는 대로 읽고 주제와 연결하여 생각하는 단계에서는 무작위로 적어 가며 자료함이나 카드를 찾아보고 도서관에 가서 책을 찾아보는 일도 해야 한다. 이 과정중에 설법자는 정리되지도 않고 조직되지도 않은 많은 자료뭉치를 가지게 될 것이다. 그러나 이러한 무질서한 상태에 대하여 염려할 것은 없으며 질서정연한 계획을 때가 되기도 전에 서두르거나 강요할 필요도 없다.

먼저 염려할 것은 주제에 대하여 충분한 자료를 수집하는 일이며 그리고 자신의 내면을 통하여 충분히 소화하는 일이기 때문이다. 설법안의 조직화는 그러한 과정중에 설법자의 머릿속에서 여러 차례 변화를 거듭하면서 점차로 하나의 설법안으로 자리를 잡아 가기 시작한다.

때로는 적절한 법문 하나가 설법 전체를 구성하는 힘과 골격이 되기도 하고, 때로는 좋은 예화 하나가 설법을 구성하는 단서가 되기도 한다. 그러므로 이 기간이 설법안 작성 시간의 상당부분을 차지하게 된다. 일단 설법의 골격이 짜여지기만 하면 그것을 완성시키는 것은 그다지 시간이 걸리지 않기 때문이다.

■ 설법의 요점들을 정리하라

조심스럽게 작성된 본론의 골격은 혼동하기 쉬운 설법의 요점들을 질서정연하게 정리하는 것에서 출발한다. 이제까지 수집된 여러 자료들을 정리해 보며 그 과정에서 생각나는 아이디어들을 집약하여 요점들을 순서대로 적어 본다.

자료수집 과정중에서 얻어지는 많은 세목들 중에서 중요한 요점들만 분류하여 논리적인 순서에 따라 정리하며, 그에 어울리는 강조점들을 생각나는 대로 써 본다.

설법자가 중요하다고 생각되는 모든 요점들이나 착상들 또는 자신이 특히 하고 싶은 모든 것들을 간단히 적어 놓음으로써 본론의 구성이 시작되는 것이다. 그 다음에 설법자는 이 무작위로 적어 놓은 사항들을 신중하게 검토하여 항목간의 관련성과 동일 또는 상이성 그리고 어떤 항목들이 나머지 부분과 무관한가 등을 연구 검토하여야 한다.

항목들을 신중하게 검토한 후 설법자는 요점들을 재정리하고 서로 관련된 착상들에 주안점을 맞추어 결합시킨다. 그러한 주요 요점 가운데서도 중요한 것과 세목에 불과한 것들을 분류한다.

그 다음에 모든 세목들을 그와 관련된 주요 요점에 따라 분류하여 위치를 정하며, 아무 곳에도 어울리지 않는 것은 포기한다. 실제로 이 과정중에서 평소에 모아 두었던 자료나 아이디어들의 상당부분들을 보류해야만 한다는 사실을 발견하게 된다.

창조의 능력은 없는 것을 만들어 내는 데에만 있지 않다. 이미 있던 것을 잘 정리하고 의미를 부여하는 작업 또한 충분히 창조적 작업이라 할 수 있으며, "만일 내가 선조들에게 빚진 것만 말한다 해도 나에게 남아 있는 것이라고는 거의 없을 것이다"라는 괴테의 말에 모든 설법자들도 동의하리라 생각된다. 즉, 설법자가 하는 설법의 내용이란 이제까지 없었던 언어와 사상이 아님을 강조하는 것이다.

다만 옛 진리들이 우리의 마음과 사유를 통해 다른 사람에게 새로운 의미와 새로운 생명력을 얻는 방식으로 표현되는 것만으로 충분한 것이다. 옛날 사람들이 우리의 최상의 아이디어를 모두 빼앗아 갔다고 불평할 필요는 없다.

설법은 많은 자료에서 아이디어들을 수집하여 섞어 두는 것이 아니라 그것들을 자신의 사고로 형성하고 경험으로 검증하는 것으로서 불타의 진리를 사람들에게 전달하는 것이다.

■ **요점들의 순서를 정하여 배열하라**

그 다음에는 주요 요점들의 순서를 결정한다. 그리고 요지들을 따라 세목을 배정한다. 큰 부분들은 1, 2, 3 따위로 번호를 매겨 나가고 거기에 종속되는 세목들은 (1), (2), (3) 따위로 하며 그보다도 작은 항목은 ①, ②, ③으로 한 자씩 안으로 들여 써서 번호를 매겨 나간다. 그러나 실제로 설법 안을 작성해 보면 큰 요지(大旨 : 1, 2, 3)와 작은 요지(小旨 : (1), (2), (3)) 정도로 대개 충분하다. 여기에서 예화라든지 불전의 구절들은 독립된 항목으로 취급하지 않는다.

이렇게 설법의 요점들을 배열해 보면 설법의 골격이 이루어지고, 설법의 골격이 이루어지면 설법안은 3분의 2가 완성된 것이나 다름이 없다. 어떤 설법자는 이러한 골격만을 가지고 설법단상에 오르는 사람도 있으나 이는 위험한 행동이다. 설법은 보석과 같다. 갈고 다듬을수록 빛이 나게 마련이다.

5. 제목의 구상

(1) 설법과 제목의 관계

　주제(theme)가 뚜렷할 때 제목(topic)을 정하는 것은 매우 용이하다. 또한 때에 따라서는 주제와 제목이 일치하는 경우도 있다. 주제는 대체로 제목보다 복잡하고 길 수 있다. 그러나 제목은 게시판이나 법회보에 사용하기 위한 것이고 주제는 설법의 요점이 담긴 설법자 자신의 진술이다. 따라서 제목은 대외용이며 함축적이고 제안적인 단어나 어구라 할 수 있다.
　표현이 잘 되고 정확하게 다듬어진 제목은 청중으로 하여금 설법자의 의도를 명확하게 이해하게 해준다. 제목 없는 책은 없으며, 잡지나 신문기사도 모두 표제를 붙인다. 광고 또한 카피에 따라 좌우된다는 사실은 상식이다.
　좋은 제목은 청중으로 하여금 설법 자체에 대한 흥미를

느끼게 해줄 뿐만 아니라 청중이 설법 전체의 흐름을 이해하게 하는 데에도 도움을 준다. 잘 준비된 제목은 설법자로 하여금 서론에서 결론에 이르기까지 주제에 충실하도록 하는 면에서도 길잡이의 역할을 한다.

오늘날 우리는 바쁜 시대에 살고 있다. 내용을 다 읽거나 다 듣기 전에 그 요점이 무엇인지 속히 알기를 원한다. 이것은 현대를 살아가는 모든 사람들의 공통된 바람일 것이다. 특히 우리 한국인들은 성급하며 무엇이든지 즉석에서 해결하고자 한다. 한국에 오는 외국인들이 가장 먼저 익히는 말이 '빨리빨리' 라는 점은 많은 것을 시사해 준다. 이러한 우리의 현장을 생각할 때에 설법에 있어서도 그 제목의 중요성이 얼마나 큰 것인지 쉽게 이해가 될 것이다.

책을 저술하는 사람이 책의 제목을 어떻게 정할 것이냐 하는 데 신경을 써야 하는 것은 당연한 일이다. 두 권의 책이 똑같은 내용이라 할지라도 그 책의 제목에 따라 판매부수도 크게 달라진다고 한다. 그러므로 지혜가 있는 사람은 한 권의 책을 만들 때, 내용을 저술하는 데에 드는 전체시간 가운데 그 절반에 해당하는 시간을 제목을 짓기 위해 고심하게 된다는 말도 있다.

(2) 제목을 정하는 방법

인상적이고 세련된 제목을 선정하는 일은 설법에 있어서 중요한 부분이면서도 상당히 어려운 부분이다. 일부 설법자들은 제목의 선정에 있어서 아름다우면서도 적실한 표현을 쉽게 찾는 사람도 있지만, 대부분의 사람들은 많은 노력을 기울여 선정하지 않으면 안 된다.

렌스키(R.C.H. Lenski)는 효과적인 제목을 구성함에 있어서 유익한 순서를 설명하고 있다. 그의 지적에 의하면 제목은 설법의 통일성을 표시하는 역할을 하며 이러한 통일성은 항상 제목이 분할될 수 있는 방식으로 서술되어야 한다고 한다.

분할 가능한 제목은 본론 안에서 기술될 주안점에 관하여 방향을 제시하고 실마리를 제공하는 암시적인 단어 또는 구절을 포함시킴으로써 이룩된다. 제목의 종류로는 '교리적 제목', '윤리적 제목', '역사적 제목', '시사적 제목', '절기적 제목', '교훈적 제목' 등을 생각해 볼 수 있겠다. 제목을 정하는 데 다음과 같은 방법들을 생각할 수 있다.

가. 강조어를 통한 방법

가장 일반적이고 무난한 제목은 강조어를 사용하여 방향

을 암시하는 제목이다. 즉, 하나의 강조어를 중심으로 간단하게 설명하는 문장을 만든다.

> **예**
>
> 참된 열반/불타의 중도/생사자유의 해탈/업력소멸의 참회/영원한 청년, 만해/참다운 합장/대승보살의 보시/아미타불의 정토

나. 의문문에 의한 방법

질문형태로 된 제목은 청중의 흥미를 유도하는 중요한 방법이다. 이러한 제목에 따른 설법의 내용은 그 제목에 대한 대답의 형식으로 전개되어야 하는 것은 물론이다. 그러므로 대답되지 못할 질문들이나 그 대답이 뻔한 것, 또는 진부한 질문은 피해야 한다.

> **예**
>
> 죽음 뒤에는 무엇이 올 것인가?/색은 곧 공인가?/우리는 내일을 확신할 수 있는가?/정말 불생불멸인가?/그대는 거문고를 타 보았는가?/왜 무아인가?/관세음보살은 존재하는가?

다. 명령문에 의한 방법

설법의 방향을 요구나 바람을 나타내는 명령문으로 표현함으로써 소기의 목적을 달성할 수도 있다. 불교설법에서는 이러한 제목의 예가 드문 편이라 때로는 이러한 제목이 신선하게 비칠 수도 있다.

> **예**
>
> 제법실상이 진리니라/앙굴리말라여! 두려워하지 말라/법을 등불로 삼으라/불법에 사로잡히지 말라/백척간두에서 한 걸음 나아가라/대중을 어리석다고 속이고 해하지 말라/반드시 안거에 들라/방일하지 말고 정진하라/진실어를 말하라/대중아! 일구(一句)를 던져 보라

라. 서술문에 의한 방법

서술적 표현으로써 설법의 방향을 제시하는 방법이다. 서술문 형태의 제목에서는 동사가 핵심어가 된다.

> **예**
>
> 인생은 고해이다/내 마음은 고요하도다/마음공부는 소 길들이기다/색은 곧 공이다/스스로 불을 당겨 그 몸을 태우다/맹인이 코끼리를 만지다/개는 불성이 없다

마. 대비에 의한 방법

두 가지의 개념을 대비시킴으로써 흥미를 유발시킴과 동시에 청중으로 하여금 판단을 끌어내는 역할도 한다.

염화미소와 심월상조/이승과 저승/분노와 자비/보살과 마왕/번뇌와 열반/보물과 거지/유여열반과 무여열반/선행과 악행/윤회와 해탈/불락(不落)인과와 불매(不昧)인과

바. 한정법에 의한 방법

설법의 방향제시는 때로 제목에 한정적인 단어를 덧붙임으로써 이루어진다. 예를 들어 '은혜'라고 하면 포괄적이어서 쉽게 들어오지 않지만 '부모의 은혜'라고 하면 보다 구체화된다. 이와 같이 하나의 포괄적인 단어는 설법자의 의도에 따라 일정한 방향으로 바꿀 필요가 있다. 이와 반대로 때로는 제목에 단 하나의 단어를 덧붙임으로써 그 뜻을 무한히 발전시킬 수도 있다.

사문유관하시는 부처님/가장 친한 친구/복전으로서의 승가/죽은 사람이 없는 집의 겨자씨/탐·진·치를 떨어버린 용자(勇者)/세 자루의 향

사. 청유형에 의한 방법

어떠한 사항을 권청함으로써 설법의 내용을 짐작하며 실천을 유도하는 방법이다.

> **예**
>
> 중생이 가없으나 모두 제도합시다/북녘에 부처님의 자비를 베풉시다/부처님을 경배합시다/상불경(常不輕)보살이 됩시다/영원한 생을 설계합시다/삼보에 귀의합시다

아. 경전의 구절을 그대로 사용하는 방법

불전에는 수많은 경구와 가르침이 출현한다. 그중의 한 가지 경구를 그대로 인용하는 것만으로도 훌륭한 제목으로서의 구실을 다하는 경우는 허다하다. 이는 불타의 체취가 그대로 남아 있는 것이 대부분이므로 감성적인 효과까지 얻을 수도 있다.

> **예**
>
> 오! 카운디냐는 정각을 얻었구나!/두 사람이 한 길을 가지 말라/타오르는 불로부터 해탈을 얻을지니/모든 것은 원인에서 생긴다/일체 중생이 모두 불성을 지녔으니

자. 선(禪)의 경구에 의한 방법

공안이나 선승들의 법어에는 수많은 명구(名句)가 있고 때로 그것들은 그 자체로서 훌륭한 제목이 되는 동시에 의문을 일으키는 효과를 지니고 있다.

> **예**
> 돌이 서서 물소리를 듣는다/야반삼경에 뜨는 태양/한 법도 설한 바가 없네/설사 한 물건이라 해도 맞지 않도다/산은 산이요 물은 물이로다/심사(尋思)하라/주리면 먹고 곤하면 잔다/목불(木佛)에서 사리(舍利)가 나오다

차. 경전 혹은 조사의 시(詩)를 인용하는 방법

경전이나 조사의 선시를 인용하는 것은 앞서의 경우와 같이 의문을 일으키는 효과 이외에도 매우 신선한 자극을 줄 수 있다는 효과가 있다. 그러나 이 경우 대부분의 선시는 한시(漢詩)로 되어 있고 따라서 그것을 이해할 수 있는 사람들도 매우 제한되어 있다. 그러므로 법회에 모인 청중의 수준에 따라 때로 정할 수 있는 제한된 방법이라 하겠다.

> **예**
>
> 일체유심조(一切唯心造)/심외무일물(心外無一物)/정전백수자(庭前栢樹子)/제악막작(諸惡莫作) 중선봉행(衆善奉行)/일초직입여래지(一超直入如來地)

가. 효과적인 제목

설법의 제목은 길어서도 안 되고 천해서도 애매모호해서도 오해가 있어서도 안 된다. 무기력해서도 저항감을 주어서도 안 되며, 속을 다 보여 주어도 안 된다. 즉, 설법의 제목은 간략하면서도 함축성이 있어야 하며, 성스러우면서도 고귀한 느낌과 분명하면서도 다 보여 주는 법이 없어야 한다. 호기심을 불러일으키며 듣고 싶은 충동을 느끼게 하여야 한다. '보기 좋은 떡이 먹기도 좋다'라고 한 것처럼 보기 좋게 포장을 하는 것이 제목을 선정하는 작업이다.

제목을 선정하는 원칙을 다음과 같이 정리해 본다.

■ 관심을 끄는 제목

책방에서도 책의 제목을 보고 사고, 광고에서도 카피에 끌리게 되고, 사람을 사귈 때에도 우선 그 사람의 얼굴을 보고 사귀는 것처럼 제목은 그 설법의 얼굴이므로 청중의 관심을 끌 만한 제목을 선정하는 데에 노력해야 한다. 따라서 청중이 요구하고 있고 그들의 생활에 맞는 제목을 선정해야 한다. 그러나 청중의 관심을 끄는 것이 좋다 하여 과도하게 과장된 진술은 지양해야 한다.

- **뜻이 분명한 제목**

누구라도 그 제목을 보았을 때 의도하는 바를 짐작할 수 있고 설법의 내용까지 생각해 볼 수 있도록 하는 제목이 좋다. 예를 들어 '아름다운 구슬' '가을하늘의 명상' 등은 내용을 짐작할 수 없는 모호한 제목이라 할 것이다.

- **신선한 느낌을 주는 제목**

제목은 압축된 표현이며 그 설법의 첫인상이 되므로 흥미 있고 신선해야 하며 오늘날 우리가 쓰는 언어를 사용하는 것이 바람직하다. 특히 불교는 한자로 된 경전과 교리내용이 많음에 따라 현대인들이 잘 알아듣기 어려운 한자용어를 그대로 사용하는 경우가 많다. 한자용어 등을 그대로 사용하는 경우는 대중의 근기를 고려하여 정하는 것이 필요하다.

- **간결한 제목**

포교원을 지나쳐 가는 사람이 게시판에 적혀 있는 법회 설법제목을 보고 법회에 참석할 마음이 나도록 대중을 사로잡을 수 있는 함축적이며 간결한 것이어야 한다.

- **자기가 이해하는 제목**

설법에 있어서 최초의 청중은 설법자 자신이다. 따라서 자신이 동감하지 못한다든지 이해하지 못하는 제목은 제목으로 적당치 못하다.

- **설법에 적합한 제목**

제목은 설법단상에서 사용하기에 적합하고 적절한 용어로 표현되어야 한다. 정치나 사회문제가 설법에 있어서 중요한 소재가 되는 것은 틀림없지만 그것이 불교의 교리와 연결되는 것이 좋다. 예를 들면 '미국과 중국의 무역마찰'은 흥미 있는 제목이기는 하나 설법의 제목으로 공표되기는 적합하지 않다.

6. 본론의 작성

(1) 본론의 구성과 연결

본론은 설법의 핵심이며 내용이 실제로 다 나오기 때문에 결론이나 서론에 앞서서 작성하는 것이 편리하다.

이 과정은 위에서 생각나는 대로 적어 놓은 설법의 골격, 곧 초안을 정리하는 것이다. 특히 내용과 문장을 가다듬고 논리의 흐름을 다시 점검하는 작업을 해야 한다.

그러므로 어떤 의미에서 골격구상과 본론작성은 그대로 연관되는 작업이며 어디까지를 골격구상이라고 하며 어디서부터를 본론작성이라 할 것인지 확실하게 구분할 수도 없다. 다만 편의상 구분해 볼 따름이다.

이 과정에서 중요한 것은 설법의 내용을 어떤 흐름으로 정리하느냐 하는 것이다. 우선 주의할 점은 설법의 흐름에 역점을 두고 통일성이 유지되고 앞으로 이끌어 가는 전향적 움직임이 잘 표현될 수 있어야 한다. 설법의 윤곽을 설정하는 과정에서 1, 2, 3 따위의 번호를 붙였다 해도 말하고 싶은 내용을 사상적 단절 없이 연관지으면서 전개하는 것이 중요하다.

또한 그림으로 볼 때 설법은 한 폭으로 이루어진 병풍그림이어야 한다. 그것을 펼쳐가면 하나의 전제석인 그림이 드러나야 한다. 그러므로 설법은 각기 다른 그림이 연결되어 있는 병풍이 되어서는 안 된다.

본론은 통째로 하나의 내용만을 강조하고 끝을 맺을 수도 있겠으나 그러한 경우는 드물고 대체로 몇 개의 대지(大旨)로 나누어 설법의 목적을 달성하게 된다. 마치 하나의 사과를 한입에 먹는 것은 어려운 일이므로 몇 조각으로 나누어 먹는 것과 같다.

본론에 있어서 대지(大旨)가 대개 적게는 두 개에서 대여섯 개에 이르는 경우도 있겠으나 대체로 세 개 또는 네 개 정도가 적당한 것으로 보인다. 대지를 너무 세분하면 전달에 효과가 적은 것으로 생각된다. 만일 여러 개의 메시지가 필요한 경우에는 하나의 대지(大旨) 아래 몇 개의 소지(小旨)로써 그 목적을 이룰 수 있다.

(2) 본론작성의 배열방법

가. 점층적 방법

본론의 윤곽이 되는 대지(大旨)들을 중요성의 정도에 따라 배열하는 것으로 통상 여러 항목들 가운데 가장 중요성이 약한 항목으로부터 가장 중요한 항목의 순으로 점층적인 방법에 의해 배열하는 것을 의미한다. 맨 마지막에 위치하는 항목에 가장 강조점이 주어지므로, 각각의 항목은 전의 항목보다 더 중요한 것이어야 한다. 이 점층법에 따른 순서는 어떠한 견해나 논증을 제시하는 데에 유리하다. 그리고 이 방법은 감성적 호소력 또는 설득력 있는 지적(知的) 태도를 계발할 수 있다.

점층적 방법은 많은 불전에서 볼 수 있다. 『승만경』에서 점층의 한 예를 찾아보자. 이 내용은 여래장에 관한 교설을 나열식으로 전개하면서도 점층적으로 그 핵심을 고도화하고 있다.

세존이시여, 생사는 여래장에 의거하는 것입니다. 여래장을 가지고 있기 때문에 본제(本際)를 알 수 없다고 말합니다. 세존이시여, 여래장이 있기 때문에 생사를 말합니다. 이것을 선설(善說)이라고 합니다.

세존이시여, 태어나고 죽고 하는 생사가 있는 것은 여러 감각기관이 생겨났다가 소멸되는 일입니다. 이것을 생사라고 합니다. 세존이시여, 생사란 2법(二法)을 말하며, 이것이 여래장입니다.

세상에 언설이 있기 때문에 생(生)이 있고 사(死)가 있는 것입니다. 사란 감각기관이 붕괴되는 일이고, 생은 새로이 감각기관이 생겨나는 일입이다. 여래장에 생사가 있는 것은 아닙니다. 여래장은 유위(有爲)의 상을 벗어나 있습니다. 여래장은 상주불변입니다. 그렇기 때문에 여래장을 의지하고 유지하고 건립합니다.

세존이시여, 불리(不離)·부단(不斷)·불탈(不脫)·불이(不異)·부사의(不思議)의 불법입니다. 세존이시여, 단과 탈과 이와는 다른 유위법의 의지, 유지, 건립이 여래장입니다. 세존이시여, 만약 여래장이 없다면 고통을 싫어하여 열반을 즐겨 추구할 수가 없는 것입니다.

나. 나열적 방법

이는 주제를 설명함에 있어서 반드시 점진적 방법이라고는 할 수 없어도 몇 개의 항목을 열거하여 설명하는 방법이다. 보통 설법자들이 많이 이용하고 있는 방법으로, 하나의 주제를 실현하기 위한 서너 가지의 윤리적 명제들을 제시하면서 전개해 나가는 방식이다. 불전에서 나열의 예는 수없이 많다. 예를 들어 보자.

『숫타니파타』를 보면 제3경에서 "무소의 뿔처럼 혼자서 걸으라"는 말을 되풀이하면서 고독한 수행자를 격려하고 있다.

처자에 대한 애착은 마치 가지가 무성한 대나무가 서로 뒤얽히는 것과 같은 일이다. 죽순이 다른 것들에 바싹 다가가는 일이 없는 것처럼, 무소의 뿔처럼 혼자서 걸으라.
처자도 부모도, 재물도 곡물도, 친족이나 그 밖의 모든 것들에 대한 욕망까지도 모두 버리고 무소의 뿔처럼 오직 혼자서 걸으라.
최고의 목적을 달성하기 위해서 노력하되 마음이 위축되지 말고 행동을 게을리하지 말라. 열정적으로 행동을 하고 체력과 지력을 갖추며, 무소의 뿔처럼 혼자서 걸으라.
사람들은 자기의 이익을 위해서 관계를 맺고 또 남들에게 봉사한다. 오늘날 이익을 마음에 두지 않은 친구란 찾아보기 힘들다. 자기의 이익만을 아는 인간은 추한 인간이다. 무소의 뿔처럼 혼자서 걸으라.

다. 논리적 방법

■ 연역적 방법

논리적 순서는 일반적으로 널리 사용되고 있는 방법인데, 일반적인 것으로부터 특수한 것으로 진행한다. 즉, 불전이나 권위 있는 법어를 전제로 하여 이치를 밝히는 것이 된다. 여기에서 설법자는 특수한 세목들과 입증해야 할 사실들에 대하여 언급하기 전에 먼저 커다란 대전제나 일반적인 교리적 진실을 말하는 것에서부터 시작한다. 그리하여 그러한 사실들을 증명하기 위한 논리적 증명을 시작하는 것이다. 이러한 형식을 연역적 방법이라 한다.

이러한 연역적 논증은 ①대전제 또는 논증이 시작되는 일반진술 ②소전제 또는 대전제가 적용되는 특수상황 ③결론의 세 부분으로 구성되는 삼단논법의 형태를 취하기도 한다. 특히 강력한 논증이 필요할 경우 연역적 논증방법의 필요성은 증대된다.

이는 일반적으로 설법에 있어서 가장 보편적으로 사용되는 형식이다.

■ 귀납적 방법

이는 연역적 설명과 대비되는 설명법이다. 구체적 사건이나 사물을 제시하고 설명하여 목적에 도달하는 방법이다. 즉, 어떤 장소에서 어떤 사건으로 인하여 생긴 사람들의 경험을 토대로 주제의 내용을 발전적으로 설명하는 것이다. 예를 들면 자신이 어느 곳을 여행하다 교통사고를 목격하게 되었는데, 그 교통사고로 인하여 일어나게 되는 여러 가지 사항들을 점차 불교의 교리로 들어와 해결하는 논지로 귀납하는 것이다. 이 귀납적 방법은 청중들에게 보다 강렬하고 신선한 발견을 제공한다.

그러나 이 귀납적 설법의 전개방식은 앞서의 연역적 방법보다는 덜 사용된다. 왜냐하면 귀납적 방법은 연역적 방법에 비하여 훨씬 세련된 전개방식을 요구하기 때문이다. 그러나 반대로 잘 사용되는 경우에는 보다 큰 성과를 거둘 수 있는 것으로 보인다. 귀납적 방법에서는 특수한 경우들이 하나씩 서술된 다음에 주제 또는 일반적인 진리가 서술됨으로써 일반화에 도달하게 된다.

연역적인 순서에서는 주제가 장차 나타날 자료를 규제하는 반면에 귀납적인 순서에서는 주제가 이미 진술된 자료를 회상하게 한다. 설법자가 일반화를 위한 자료를 많이 가지고 있으면 있을수록 그 일반화는 더욱 신뢰할 만한 것이 될 것이다.

단 여기에서 주의해야 할 것은 설법자는 신중을 기하여 불충분한 증거에 입각한 일반화를 피해야 한다. 확인되지 않은 풍문이나 전설, 단순한 견해, 추측 등은 불충분한 증거에 속한다.

예를 들어 불교적 진리를 우주과학을 동원하여 증명하려고 할 때 불확실하거나 이미 결함이 증명된, 한물간 우주과학적 지식을 가지고 일반화를 시키려 한다면 오히려 불신을 사게 되는 경우도 있다. 그러므로 일반화를 입증시키기 위해서 인용하는 사실은 신뢰할 만하고 편견이 없는 유력한 것이어야 하고, 최신의 권위에 의하여 검증되거나 입증된 것이어야 한다.

■ **절충적 방법**

절충적 방법은 연역적인 것과 귀납적인 것의 혼합이다. 이는 논지를 설법의 중간에 강조하여 전후로 집중시키는 전개법이다. 먼저 설법자는 귀납적인 형식으로 개인적, 윤리적인 문제를 제시하고 미완의 답을 논한다. 이것이 다시 하나의 연역적 형식을 빌려 불전의 원리를 가지고 해석하고 적용해 가는 탐구식 설법의 형식이다.

대체로 설법의 경우는 이상의 세 가지 방법에 의하여 전개되는 것이 일반적이다. 그런데 어느 방법이 가장 우수한가에 대해서는 한 마디로 말할 수가 없다. 왜냐하면 어떤 목적의 설법이냐 또는 어떤 방법의 전달이냐보다는 설법자 자신에 맞고 익숙한 설법의 방법을 택할 수밖에 없기 때문이다. 또한 설법자는 하나의 방법만을 늘 사용해서는 안 될 것이다. 다른 사람이 어떤 방법을 잘 사용한다 하여 무분별하게 도입하는 것보다는 좀더 연구하고 훈련하여 나의 무기를 마련하는 것이 중요하다.

■ 변증법적 방법

이는 정·반·합의 헤겔의 철학적 방법을 응용한 것이다. 이를 설법에 적용하면 첫째 대지는 논제를, 둘째 대지는 그 반대를, 마지막은 이 둘을 지양한 곳에서 발생하는 진리를 말한다.

이 방법은 특히 선적(禪的)인 메시지를 설명하는 데에 매우 효과적인 방법이다. 선의 공안은 예로부터 상세한 풀이를 하지 않는 것으로 여겨져 왔다. 그러나 때로 중생들의 관념과 상을 타파하고 바른 지혜로 인도하기 위하여 선의 공안이 매우 유용할 수 있다.

예를 들어 공안을 하나 풀어 그 대지를 나누어 보자. "세존이 열반에 드실 때에 '내가 녹야원으로부터 발제하에 이르기까지 이 중간에 일찍이 한 법도 설한 바가 없노라' 하셨다 하니 그것이 무슨 뜻인가?"를 설명할 때 이 방법을 이용하여 대지를 전개하여 나갈 수가 있을 것이다. 첫째, 세존께서는 일생 동안 팔만사천에 이르는 무량법문을 하셨다. 둘째, 세존께서 열반에 드실 때에 한 법도 설한 바가 없다고 부정하는 말씀을 하셨다. 셋째, 그것은 법이라는 한 상(相)에도 걸림이 없도록 하려는 세존의 마지막 자비의 표현이시다.

라. 제거의 방법

이것은 가능한 다른 방도의 목록을 모두 작성하여 유일한 하나의 진실이 남겨질 때까지 하나씩 그것을 제거해 나가는 방법이다. 예를 든다면, 인간의 사후에 전개되는 세계에 대하여 이 한 생밖에 없다는 단생설(單生說), 죽음 이후에 다른 세계에서의 삶이 있다는 이생설(二生說), 선생과 현생과 내생이 있다는 삼생설(三生說) 등을 제시하고, 단생설과 이생설의 불합리성을 들어서 하나하나 제거하여 마침내 삼생설에 이르게 하는 방법이라 하겠다.

『밀린다왕문경』에 나오는 나가세나비구와 밀린다왕과의 문답에는 제거의 기법들이 훌륭하게 나와 있다.

"대왕이시여, 만약에 당신께서 수레를 타고 오셨다면 무엇이 수레인가를 나에게 일러주지 않으시겠습니까?"
"대왕이시여, 수레의 채가 수레인가요?"
"스님이시여, 그렇지는 않습니다."
"대왕이시여, 수레의 축이 수레인가요?"
"스님이시여, 그렇지는 않습니다."
"대왕시시여, 바퀴가 수레인가요?"
"스님이시여, 그렇지는 않습니다."
"대왕이시여, 나는 당신께 몇 번씩이나 물어 보았습니다만 수레를 확인할 수가 없었습니다. 대왕이시여, 수레란 단순히 말에 불과한 것일까요? 그렇다면 거기에 있는 수레는 무엇일까요? 대왕이시여, 당신께서는 수레는 없다고 하시어 진실이 아닌 거짓말을 한 것입니다."

마. 인과적 방법

결과가 나타나도록 하기 위하여 원인을 기술하고 그로부터 결말 또는 결과를 추적함으로써 시작한다. 그와 반대로 결과로부터 시작하여 개연성 있는 원인들을 발견하려고 하는 방법도 있다. 불교의 설법 가운데 상당부분을 차지하고 있는 인과법문에 맞는 방법이라 할 수 있겠다.

바. 질문적 방법

설법에 있어서 대지들을 질문형식으로 제기하여 놓고 그에 대하여 답하는 형식으로 설법을 이끌어 가는 방식을 말한다. 이는 일종의 귀납적 방법이라 할 수 있다.

예를 들어 '타오르는 불을 끄고 해탈의 길로' 라는 제목으로 설법을 한다면 다음과 같은 대지로써 설법을 구성할 수 있을 것이다.

- 타고 있는 불을 보았는가?
- 중생들의 마음 가운데 타고 있는 불의 종류는 어떠한 것이 있는가?

- 불을 끄기 위하여 우리는 어떻게 해야 하는가?

그런데 설법이라는 것은 청중으로 하여금 다음에 전개되는 내용을 짐작하게 하면 흥미가 적어지게 되는 것인데, 이러한 설법이 지니는 단점은 자칫 청중으로 하여금 다음의 질문을 짐작하게 할 수 있다는 점이다.

설법자는 누가? 누구를? 어떻게? 무엇이? 언제? 어디서? 왜? 등의 여러 질문적 접근방식을 통하여 설법을 엮어 나갈 수 있다. 숙련된 설법자는 '왜?' 라는 질문방식 하나만 가지고도 인과의 진리를 솜씨 있게 다루어 나갈 수 있을 것이다.

사. 대조적 방법

비교 또는 대조의 방법은 설법자가 두 인물, 두 곳의 장소, 두 개의 사물 또는 사상 등을 비교하거나 대조하고자 할 때 사용된다. 원하는 목적에 따라 설법자는 비교의 순서를 선택하여 동질성 또는 유사점들을 보여 주거나, 대조의 방법을 선택하여 이질성 또는 차이점들을 보여 주게 된다. 이는 대비적 성격이 뚜렷한 인물이나 사실들이 있을 때에 유용한 방법이다. 설법자는 비교나 대조의 특성을 분명하게 나타내는 방식으로 상세한 설명 또는 근거들을 배열해야 한다. 다음의 내용은 대조적 방법에 적합하다 할 것이다.

유사성이나 차이점을 보여 주는 데 있어서는 다음 두 가지의 배열방법 중에서 한 가지가 사용될 수 있을 것이다.

① 한 견해를 지지하는 세목들, 근거들 또는 다른 자료들을 먼저 분류한 후 이와 반대되는 견해를 지지하는 일군(一群)의 자료들을 서술한다.

② 유사성이나 이질성에 관한 기초자료들을 하나씩 비교 또는 대조한다.

비교의 방법이 기본적인 관념을 강조하는 데에 유용한 반면, 대조의 방법은 하나의 대상·인물·장소·생활방식·사상 등이 다른 것에 대하여 갖는 우위성을 보여 주는 데에 주로 사용된다. 비교나 대조의 방법은 종종 서술하고 설명하고 분석하는 데에 사용되기도 한다.

때로는 설법자의 주제가 비교와 대조를 다 포함하는 양식을 요구하는 수도 있다. 이러한 조합의 방법을 사용함에 있어서 설법자는 비교의 요점들을 먼저 취급하고 나중에 대조의 요점들을 취급하거나 또는 유사점을 먼저 취급하고 차이점을 나중에 취급하는 방법을 사용할 수 있다.

대조하는 방법의 한 예를 들어 보자.

석존의 이복동생인 난다가 한 여인과 결혼식을 올렸는데 석존은 그를 출가시켰다. 난다는 출가 후에도 그 여인을 잊지 못하고 땅 위에 그녀의 얼굴을 그리기도 하고 얼굴에 여러 향수를 뿌려 화장을 하기도 하였다.

석존은 어느 날 그를 데리고 길을 가다가 길가에 버려진 지푸라기를 들어 냄새를 맡게 하였다. 난다는 코를 찡그리며 내던졌다.

"무슨 냄새가 나느냐?"

"비린 냄새기 납니다."

"지푸라기에 본래 그러한 냄새가 있었겠느냐?"

"아닙니다. 본래는 깨끗한 것이었는데 생선을 묶었기 때문에 그러한 냄새가 납니다."

"그렇다. 너도 본래는 깨끗한 사람이었으나 마음에 늘 깨끗치 못한 생각을 묶어 둠으로써 모든 사람들에게 부정한 냄새를 풍기고 있다."

한참을 가다가 종이를 한 장 들어 물었다.

"무슨 냄새가 나느냐?"

"향 냄새가 납니다."

"종이에 본래 그러한 냄새가 있었겠느냐?"

"아닙니다. 본래는 순수한 종이였으나 향을 쌈으로 해서 향료가 배었기 때문에 향기로운 냄새가 나는 것입니다."

"이제 너도 궂은 것을 버리고 진리의 향기를 마음 속에 간직하여 모든 사람들이 즐겨 좋아하도록 하라. 이곳에서 만난 사람이 서로 자기 목적지를 향해 갈 때 남으로 가는 사람은 얼마 뒤에 갠지스 강변에 서게 되고 북으로 가는 사람은 설산의 꼭대기에 서게 된다. 같은 지점에서 출발하였으나 이렇게 차이가 생기는 것이다."

　이로 인해 난다의 마음은 안정되었으며 마침내 그의 어머니와 부인까지도 귀의하였다.

아. 유추적 방법

　이는 비유라든지 예증을 사용하여 말하고자 하는 바를 유추하게 하는 방법이다. 즉, 한 영역에서 진실한 것은 다른 영역에서도 거의 진실하다는 논법이다. 태양이 서천(西天)에서 지지만 다시 동편에서 솟아나는 것과 같이, 가을에 낙엽이 지지만 봄이 오면 다시 새싹이 나는 것과 같이 우리의 육신이 죽게 되면 모든 것이 끝나는 것이 아니라 다시 새로운 생을 시작하게 된다는 식으로 설명하는 것이다. 불교의 논리학에서는 이러한 유추적 방법도 진리를 논증하는 중요한 방법으로 사용하고 있다.

　이 유추의 방법을 사용하면서 유의해야 할 사항들에는 다음과 같은 것들이 있다.

　첫째, 유추는 결코 어떤 것을 증명하는 방법이 아니라는 사실을 염두에 두어야 한다. 하나의 사실을 들어 다른 사실을 짐작하게 하는 것일 따름이지 하나의 사실이 다른 사실을 증명하기 위해 존재하는 것이 아니기 때문이다. 유추의 유용성은 그것이 의미를 명료하게 해줄 수 있다는 데에 있다.

둘째, 유추적 대비는 구체화시키면 시킬수록 그 효력이 약화된다. 모든 사물에는 유사성보다 부동성(不同性)이 더 많은 까닭이다. 이를테면 『목우십도(牧牛十圖)』를 가지고 설법하면서 소와 사람의 마음을 대비시켜 법문을 진행시키고자 한다면, 이 법문을 소재로 하여 소의 여러 습성을 길들이는 것과 마음공부하는 것을 대비시키는 것은 매우 적질하다. 그러나 대비를 더 구체적으로 진행시켜서 그 밖의 구체적인 여러 습성들, 예를 들면 소가 앉았다가 일어서는 습관, 되새김하는 습관 또는 우는 습관 등을 그대로 수도인의 마음공부와 대비시킨다면 점차 청중은 어색함을 느끼게 되고 유비의 효과도 떨어지게 될 것이다.

자. 선택적 방법

설법 중에서 여러 가지 삶의 상황을 제시하고 거기에서 청중으로 하여금 자연스럽게 삶의 태도를 정할 수 있도록 유도하는 방법이다. 이러한 경우에 하나의 상황에 나타나는 여러 태도를 제시할 수도 있고 몇 가지 유사한 상황을 제시하여 선택을 유도하는 방법도 있다.

예를 들어 '인과법칙의 활용'이라는 제목으로 바람직한 삶의 태도를 제시할 때, 볍씨 한 말씩을 받은 세 딸의 이야기를 들어 선택을 유도할 수 있다.

한때에 세 딸을 둔 부자가 있었다. 그는 유산을 지혜 있는 자녀에게 남기고자 원하여 세 딸을 시험하기로 하였다. 그리하여 세 딸에게 각각 볍씨 한 말씩을 주고 일 년의 기한을 주어 그 결과를 보기로 하였다. 첫째딸은 그 볍씨를 받은 즉시 방아를 찧어 밥을 지어 먹어 버렸다. 둘째딸은 그 볍씨를 천장에 매달아 놓고 바라만 보고 일 년을 지냈다. 셋째딸은 그 볍씨를 정성스럽게 심어 가을이 되어 많은 수확을 하였다. 그 부자는 자신의 유산을 가장 지혜 있는 셋째딸에게 남겨 주었다.

삼세인과의 법칙도 이와 같아서 전생의 인에 의하여 나의 인생이 정해진다 하여도, 얼마나 적극적으로 자신의 인생을 가꾸느냐에 따라 사람의 일생은 크게 달라진다.

그 밖에 하나의 난관을 제시하고 이에 대처하는 세 가지 유형을 말하여, 청중의 선택을 유도하는 방법이 있다. 설법에 일반적으로 잘 사용되는 것으로는 첫째 난관에 비참함을 느껴 자포자기하는 형태요, 둘째 난관에 타협하여 비굴해지는 형태요, 셋째 신앙에 바탕하여 꿋꿋하게 버티며 살아가는 형태이다.

차. 정의의 방법

정의를 해가며 전개하는 방법은 어떤 것의 의미를 명료하게 하여 청중에게 이해시키고자 원할 때 유용한 방법이다.

이는 경전강의식 설법에서 효과적인 방법이라 할 것이다.

예를 들면 보조선사의 진심(眞心)에 대한 내용을 설명할 때 다음과 같이 정의해 가며 설명할 수 있다.

> 진심은 심지(心地)이다. 그것은 온갖 선(善)을 내기 때문이다.
> 진심은 보리(菩提)이다. 그것은 깨달음의 본체가 되기 때문이다.
> 진심은 법계(法界)이다. 그것은 서로 사무치고 융통하여 포함하기 때문이다.
> 진심은 여래(如來)이다. 그것은 어디로부터 온 바가 없기 때문이다.

(3) 본론 작성 시 지켜야 할 원칙

가. 통일성의 원칙

설법의 구조에는 통일성이 있어야 한다. 통일성에 의해 하나의 주제가 모든 단락에 걸쳐서 효력을 나타내게 된다. 각 단락들은 주제와 연결되어 있어야 하며 그 공통성이 설법의 전편에 흐르고 있어야 설법의 목적을 달성할 수 있다.

주제를 설법의 씨(종자)라고 한다면 본론은 그 씨로부터 생장하는 나무이다.

본론은 주제를 풀어 전개시킨 것이다. 이 본론에는 항상 두 가지 요건이 있다. 첫째는 분석, 곧 주제를 모든 면에서 해석하는 것이요, 둘째는 종합이니 곧 분석한 결과들을 모아 그 설법이 목표하는 바를 성취시키는 방향으로 돌리는 것이다.

어떠한 형식의 설법이든지 간에 분석만 있다면 그 설법은 설법이 되지 못하고 주석에 지나지 않을 것이다. 반면에 전체의 주제가 분석되고 전개되어 우리 앞에 놓이기 전에는 종합도 있을 수 없다. 그러므로 모든 설법은 하나의 광원(光源)과 같은 주제에서 출발하여 예정한 목적지로 마치 볼록 렌즈에 의하여 여러 광선이 한 곳으로 모이는 것과 같이 함께 모아져야 하는 것이다. 목적지로 가는 가장 빠른 방법은 한 길로 계속 가는 것이다. 그러기 위해서는 전반적인 내용이 주제를 따르고 각각의 대지(大旨)가 공통성을 가져야 한다.

극히 일부의 설법자들 사이에는 어떠한 주제의 설법을 하든지 하나의 결론으로 돌아가는 버릇이 있는가 하면, 하나의 설법 속에 온갖 교리와 가르침을 다 집어넣고자 하는 사람이 있다. 전자의 경우도 반드시 수정해야 할 타입이지만, 더 문제가 되는 것은 후자의 경우이다. 이러한 경우에는 설법의 핵심을 흐리게 할 뿐만 아니라 다음번에 계속되는 설법도 언제나 그런 식이 되기 쉬워진다. 설법자는 욕심을

버려야 한다. 한 가지 설법에서 한 가지의 진리를 전달하기
도 어려운 것이다.

나. 일관성의 원칙

어떤 설법자는 설법안을 작성할 때 내용에 대한 아이디
어가 풍부하게 쏟아져 나오면 아까운 생각으로 자꾸만 덧붙
여 군더더기를 만듦으로써 좋은 설법이 되지 못하는 수가
종종 있다.

설법의 부분들은 전체적 주제와 연결되는 통일성을 지녀
야 할 뿐만 아니라 다른 부분들과도 연결이 되어 일관성을
지녀야 한다. 전체적으로 일관적이지 못한 소재는 아무리
아까워도 과감히 버려야 한다.

학자들은 강연의 일관성을 위하여 '하나의 중요한 단어'
를 확립할 것을 권하고 있다. 이는 앞서 언급한 주제에 해당
한다. 만일 어떤 설법에서 구조적 통일성이 있다고 하면 중
심된 어휘도 있게 마련이다. 중심단어는 설법을 구상하여
나갈 때 언제나 염두에 두게 되는 것으로, 각 대지를 특징지
어 주며 그 구조를 하나로 묶어 준다.

설법의 일관성을 유지하기 위하여 주제에 해당하는 하나
의 단어를 상기하면서 설법을 작성하는 방법도 있고, 다른
하나는 보다 구체적인 것으로써 설법의 골자를 상기해 가면

서 설법을 작성해 가는 방법도 있다. 이와 같은 방법으로 설법자는 그 일관성 있는 흐름에서 벗어나지 않도록 주의할 일이다.

하나의 테두리 안에 있는 중심사상들을 잘 배열하여 이들이 상호간에 논리적으로 명확한 관계를 맺게 하는 것도 일관성을 이루는 하나의 방법이다. 또한 각 단락 안의 일관성은 그 단원의 중심사상이 한 문장에서 다른 문장으로 논리적으로 진행하는 데에 근거한다.

설법에 있어서 사용된 모든 양식과 방법들과는 별도로 각 문장과 단원들 그리고 부분들은 설법의 중심사상에 바탕하여 그들의 상관관계를 분명하게 밝혀 주는 일관성 있는 흐름이 필요하다.

다. 점진성의 원칙

이 원칙은 청중의 주의를 의도하는 목표로 이끌어 가는 것을 보장한다. 설법을 듣는 것은 마치 자전거를 타는 것과 같아서 전진을 멈추면 사람은 넘어지게 마련이다. 와드슨은 설법의 전체적인 유기성은 "표제가 진전하고 상승하고 축적해 나가느냐, 아니면 개별적이면서 전혀 연관성이 없고 평행선상을 가느냐에 달려 있다"고 말하고 있다.

점진성은 설법목표에 조금씩 근접해 가는 각각의 상승들

로 된 대지들을 배열함으로써 성취된다. 이 점진성은 주제로부터 탈선함에 의하여 방해를 받는다. 이 말은 하나의 주제적 테마에 일관하면서 그것의 분위기가 점차 고조되어 가고 의미가 깊어져 가는 것을 말한다.

예를 들어 '부처님을 믿어야 합니다' '부처님을 깨쳐야 합니다' '부처님의 자비를 실현해야 합니다' 하는 식의 대지배열이 된다면 부처님이라는 테마를 일관하면서도 점차로 상승하는 전개방식이라 할 수 있겠다. 그런데 하나의 문단에 너무 많은 설명을 한다든지 하여 지루하게 하는 것은 점진성을 방해하는 요인이 된다.

설법 전반을 놓고 볼 때 몇 가지의 대지가 점진적이면서 점층적으로 발전하여 절정을 향하게 하는 것이 청중의 관심을 효과적으로 이끄는 방법이라 할 것이다.

라. 변화성의 원칙

설법의 본론은 적당한 변화가 있어야 한다. 천편일률적인 진술은 청중으로 하여금 흥미를 잃게 하고 권태를 느끼게 한다. 시종 강조와 큰 소리로 일관하는 것도 청중에게 부담을 주는 일이 되는 것과 마찬가지로, 그 내용에 있어서도 강약과 리듬을 염두에 둔 설법의 구성이 바람직하다. 변화를 주기 위해서는 표현과 구성에 신선미가 있어야 하고 요지의 강약에 변화가 있어야 한다.

설법 전체를 구성할 때 절정을 설정하기 위해서는 청중들에게 필요한 감정적 리듬을 안배하는 것이 필요하다. 한 대목이 끝나면 청중은 순간적으로 멈추고서 휴식하며 숨을 들이키고 다음 여행을 준비한다. 이러한 정서적 휴식의 순간들이 없이 처음부터 거세게 몰아치면 청중들은 절정에 도달하기 전에 지쳐 버릴 수가 있다.

그러나 불교설법의 일반적인 성향은 오히려 그와 반대로 잔잔하면서도 논리적이어서 내용적으로나 정서적으로 변화가 적은 설법이 많기 때문에 전체적인 리듬을 생각하면서 강조하고 힘을 주어야 할 부분을 설정하는 일이 필요하다고 본다.

마. 절정(climax) 설정의 원칙

절정이란 말은 전개가 최후 최고점에 도달함을 의미한다. 설법에 따라서는 점진성을 가질 수는 있지만 목표에 도달되어야 할 효과를 남기지 못하는 수가 있다. 즉, 어떤 설법은 그 분위기를 잘 성숙시켜 나가다가도 적절한 목표라고 할 어떤 지점에는 도달하지 못하는 수가 있다. 그러므로 설법은 단순한 전개가 아니라 궁극적으로 주제에 의하여 표명된 적합한 목표에 도달해야 하는 것이다.

설법은 축적효과가 있어야 한다. 즉, 청중들로 하여금 결단하게 하고 행동하게 하는 대목으로 나아갈 때는 힘을 모아야 한다.

절정은 설법에 어울리는 결과에 도달되도록 요점들을 배열함으로써 성취된다. 절정은 전달과정에서 침착하면서도 비감동적인 목소리로 시작함으로써 그리고 설법이 진전함에 따라 강조와 제스처를 점차 증가시킴으로써 가장 강도 깊은 요점이 호소력을 갖게 함으로써 이루어진다. 서론에서 큰 소리를 내는 설법자는 결코 전달과정에서 절정을 가질 수 없을 것이다.

한 학자는 지적인 절정과 감정적인 절정을 구분하고 있다. 그는 사용된 개요의 형태에 따라 지적인 절정이 먼저 와야 할지가 결정되는 경우는 있지만, 그러나 예외 없이 감정적인 절정은 끝 가까이에 와야 한다고 말한다.

설법이 절정을 가지기 위해서는 대지들을 상승하는 순서로 배열해야 한다. 다시 말한다면 마지막의 대지가 설법의 주된 절정이 되어야 한다는 이야기이다. 물론 이 말은 작은 절정들이 중간에 발생해서는 안 된다는 뜻은 아니다. 그러나 마지막 주안점은 이미 지나간 앞부분의 최고 정점을 이루어야 하며, 모든 것을 하나의 초점에 놓고 강조할 것을 준비하여 나가는 것이 보다 효과적이라는 말이다.

> 예
>
> **주제 〈다행한 불행〉**
>
> 불행은 삶을 깊이 있게 한다.
> 불행은 종종 예기치 못했던 능력을 발휘하는 계기가 된다.
> 불행은 다른 사람의 불행을 이해하고 돕는 능력을 확대시켜 준다.
> 불행은 인과의 진리와 만나는 계기가 된다.

바. 균형(valance)의 원칙

균형이란 전체적 비율을 말하며 전체의 체계적인 정리에 의해서 이루어진다. 설법자는 각각의 대지에 적절한 비중이나 강조점을 두도록 의도해야 한다. 이렇게 할 때 설법이 균형을 잃지 않게 된다. 논리의 법칙에 의하면 유개념(類槪念, genus)이 나누어지는 세분된 개념은 같은 지위여야 한다.

이렇게 본다면 각 대지에 할당되는 설법의 질과 양을 대체적으로 비슷하도록 조정해야 하며 첫 대지가 서술적 형태라면 다른 모든 것도 같은 서술적 형태로 해야 한다. 만일 질문형식이면 다른 것도 마찬가지로 질문형식이어야 한다는 것이다.

본론의 각 대지에 따라 단락들이 정해지게 되는데 이 내용들을 조직하는 데에 면밀한 주의를 기울여야 한다. 설법 전체에 적용되는 자연적인 또는 논리적인 순서들과 동일한 양식들이 각 단락에도 적용된다. 하나의 단락 안에 있는 예증들도 복잡성의 순서 또는 효과적인 순서를 따라 전체적 설법의 균형에 따르는 것이 좋다.

본론의 구조와 윤곽이 대략적으로 완성된 초안이 작성되면 거기에서 결론과 서론의 초안이 작성되어야 한다. 이 단계에서는 설법의 전체적인 윤곽과 흐름이 거의 정해져 있어야 하고 지금까지 사용된 자료들을 최종적으로 점검해야 한다.

아무리 아이디어나 예화가 인상적이고 좋은 것이라 할지라도 설법의 전체적인 목적에 부합되지 않을 경우는 과감하게 자료함으로 되돌려 보내야 한다.

자료가 단지 준비의 초기단계 어느 지점에서 수집되었다고 해서 그 자리에 그대로 사용해야 한다는 법은 없다. 지금은 전체적인 균형을 먼저 생각하고, 어디에 그리고 어떻게 자료를 사용해야 할지를 결정해야 한다. 자료는 가장 적절한 곳에 단 한 번만 사용해야 한다.

본론 내용 중에 주요 개요가 제대로 배열이 되어 있음을 확인하기 위하여 착상에서 자료배열에 이르는 순서를 마치 다른 사람의 것을 검토하듯 객관적으로 살펴야 함은 물론이다.

(4) 옮김말의 기법

하나의 대지에서 다른 대지로 옮겨 갈 때 설법은 계속 살아 있으면서, 그 의미와 설법의 흐름을 연결시키는 옮김의 단어 내지는 구절이 필요하게 된다. 이 옮김말은 설법자가 한 지점에서 다른 지점으로 옮겨 갈 때 그와 함께 청중들을 운반한다. 그러므로 옮김말은 '설법의 부분들을 연결시켜 주는 가교'라 말할 수 있다.

설법의 생명력을 그대로 살리면서 다른 내용으로 넘어가는 것에는 여러 가지 방법이 있을 수 있다. 음성의 고저 또는 태도나 속도를 변화시킴으로써도 가능하다. 다음 대지로 옮겨 가기 전에 한 대지를 간단히 요약하는 것도 좋은 방법일 수 있다.

이때에 사용되는 것이 소위 연결어인데 '둘째' 혹은 '셋째로' '다음으로' '이어서' '이뿐만 아니라' '반면에' 등의 용어가 주로 쓰이는 것들이다. 여기에서 어떠한 용어가 좋다고 하는 절대적인 기준은 없다. 왜냐하면 설법자가 선호하는 표현이 있을 수 있으며, 설법의 내용에 따라 달라질 수 있기 때문이다. 이때 중요한 것은 언제나 판에 박은 듯한 연결어를 사용한다는 인상을 청중에게 주지 않아야 한다는 것이다.

마지막으로 이상에서 제시한 법칙들은 최선의 법칙들도 아니며 결코 바뀔 수 없는 절대적인 원칙들도 아니다. 훌륭한 설법자들도 이 규칙들을 어기는 수가 종종 있다. 다만 이러한 원칙에 따르는 설법이 훨씬 개선되기 쉽다는 것을 의미할 따름이다.

7. 서론 및 결론의 작성

(1) 서론

가. 서론의 목적

　서론은 청중의 흥미를 유발하고 설법의 목적을 밝히며 설법자와 청중 사이에 공감대를 형성시키는 역할을 한다. 그러므로 서론은 청중들이 그 설법을 잘 듣고 유익함을 얻을 수 있도록 준비를 시키는 과정이다. 서론에 대하여 브로더스는 다음과 같이 말한다.

　"사람이란 원래 갑작스런 변화를 싫어하고 약간 점진적인 접근방식을 좋아하는 성향이 있다. 어떤 건물에 현관이나 출입구가 잘 만들어져 있지 않다면 외관상 좋지는 않을 것이다. 또한 정성을 들여 작곡한 대곡이라면 약간의 전주가 포함되어 있으며, 따라서 작문이나 연설에 서론이 없다면 불완전해 보일 것이 당연하다."

서론은 마치 집에 들어가는 현관과 같다. 어떤 집에 들어가든지 현관 없이 바로 안방이 보인다면 그 집은 멋도 없을 뿐더러 불안하기 짝이 없을 것이다. 그렇지만 반대로 현관이 거실이나 안방보다 크고 화려하다면 그 집은 잘못 지은 집일 것이다. 방문자가 집에 들어섰을 때 현관을 통해 그 집에 대한 호감과 매력을 느껴 안채로 들어가고 싶은 생각을 일으킬 수 있다면 그것으로 현관의 역할은 성공적이라 할 수 있다.

　설법을 할 수 있는 시간이 한정되어 있을 때에는, 서론 없이 단지 사람들의 관심에 호소함으로써 간단히 설법의 본지에 접근할 수 있다. 그러나 통상 설법을 포함한 모든 강연은 적당한 서론을 가진다. 왜냐하면 사람의 마음은 갑작스런 변화에 대해 보통 거부의 감정을 가지며, 또 준비 없이 어떤 사상에 청중의 관심을 집중시키기는 어렵기 때문이다.

　사람들은 설법이 시작된 후 약 5분 동안은 그 설법에 관심을 집중시키려고 노력한다. 그중에서도 처음 30여 초는 전적으로 관심을 쏟는다. 이때 적절한 서론으로 그들의 관심을 묶어 둘 수 있다면 그 설법은 반 이상 성공했다고 보아도 좋을 것이다. 심리학적으로 말하면 이것은 새로운 상황에 대한 호기심의 증대인 것이다. 이러한 귀중한 시간을 자기 변명 등으로 써 버린다면 현명한 설법자라고 말하기는 어려울 것이다.

호기심을 끌어 자신의 설법 속으로 청중을 끌고 들어가는 중요한 방법 중의 하나는 첫 한 마디에 호기심을 자극할 말을 하는 것이다. 매력 있는 제목과 처음 30초 동안 완전히 매료시켜 버리면 설법자가 원하는 대로 그 청중은 계속 끌려 들어오게 된다.

특히 어린이 설법의 요체는 '설법의 첫 한 마디가 어린이들을 사로잡기만 하면 그 설법의 전체시간 중 절반은 그 어린이들의 주의를 집중시켜 나갈 수 있다'는 것이다. 어린이 설법은 어른들의 설법과는 차원이 다르기는 하나 첫마디의 매력이라는 점에서는 동일하다.

오늘날의 청중은 흔히 리모컨 세대라고 한다. TV를 보다가 프로그램이 마음에 들지 않으면 즉시 리모컨으로 채널을 돌려대기 때문이다. 따라서 리모컨 세대 앞에서 설법을 할 때에 흥미를 유발시키는 서론의 중요성은 말할 것도 없다.

서론은 설법자가 전하고자 하는 메시지의 타당성을 보이는 부분이기도 하다. 청중들은 무의식적으로 '내가 왜 이 설법을 들어야 하지?' 하는 질문을 스스로에게 던진다. 이때 서론은 청중이 설법을 듣고자 하는 의욕을 불러일으키든지 아니면 귀를 막아 버리게 하든지 하는 역할을 하게 된다. 이러한 모든 부담에도 불구하고 설법자가 서론을 성공적으로 이끌어 낼 때, 청중은 그가 왜 이 설법을 들어야 하는지에 대한 스스로의 대답을 발견하게 되는 것이다.

서론을 잘 만드는 데에는 끊임없는 훈련과 경험이 필요하다. 그뿐만 아니라 때와 장소 그리고 청중들의 상태 등에 따라 임기응변으로 서론을 바꿔야 할 경우도 있다.

만약 설법주제가 특별한 날이나 행사와 연관된 것이라면 그 감정이나 전통을 설명함으로써 주제가 잘 설명될 수 있을 것이다. 또한 설법이 청중의 욕구와 조건을 만족시키기 위해 준비되었을 때 서론은 때로 그 청중의 욕구에 대한 진술을 함으로써, 즉 청중이 만족하기를 갈망하는 그 욕구를 제시함으로써 청중의 관심을 유도해 낼 수 있다. 그 밖에 인생이나 문학에서 출현하는 사건, 간단한 이야기, 격언이나 속담, 우화, 편지, 뉴스, 시의 구절, 불전의 예화, 계절의 변화, 어떤 질문 등 주제와 연결되면서 청중의 흥미를 유도할 만한 모든 것들이 서론으로 활용될 수 있다.

서론의 기능을 요약한다면 설법에 대한 청중의 관심을 이끌어 내고 설법의 주제로 접근시키며 설법자와 청중 사이에 공감대를 형성하는 것이다.

나. 서론의 종류

■ 불전의 내용

우선 불전에 나오는 부처님의 말씀이나 그 이야기 혹은 역사적으로 일어났던 고승들의 일화 등을 서론으로 사용할 수 있다. 이는 불전이나 법어의 구절이 이야기의 형식으로 되어 있는 것을 선택하는 것이 효과적이다.

불전이나 법어를 소개 없이 읽어 주고 흥미를 유발할 만한 내용을 들어 유도하는 방법도 권할 만하다. 그러나 소개하는 불전이나 법어의 구절이 너무 길거나 장황하면 오히려 대중의 흥미를 잃게 될 위험이 있다. 소개하고자 하는 불전의 구절이 너무 긴 경우에는 줄여서 하든지 핵심 되는 부분을 발췌하여 소개하여도 좋을 것이다.

■ 개인적인 경험

설법자는 자신이 구도자이며 또한 신도들의 신앙과 수행의 인도자이기도 한다. 그러므로 예화 가운데에 가장 설득력 있는 것이 설법자 자신의 경험이다. 일상생활 가운데 느꼈던 감상이나 교역자의 눈에 비친 세태 등은 훌륭한 서론이 될 수 있다. 이러한 경험적 사실들이 설법 첫머리에서 제시될 때 청중의 공감과 흥미를 불러일으킬 수도 있을 것이다.

■ 문제제시

서론에서 문제가 될 만한 사항을 제시하여 청중으로 하여금 생각할 여지를 제공하는 것도 하나의 방법이 되겠다.

『열반경』에 "전생 일을 알고자 할진대 금생에 받은 바가 그것이요, 내생 일을 알고자 할진대 금생에 지은 바가 그것이라" 하였습니다. 그런데 우리의 현실생활 가운데 그 마음 작용하는 바를 보면, 죄를 받아야 할 사람이 도리어 부귀와 향락을 이루며 살고 있고, 마음이 착하여 당연히 복을 받아야 할 사람은 가난하고 비참한 고통 가운데에 사는 것을 보게 됩니다. 그렇다면 인과의 진리가 틀림없는 것이라 할 수 있겠습니까?

■ 뉴스

때로는 신문이나 방송에 보도된 뉴스가 그대로 서론이 될 수도 있다. 이는 대개의 경우 청중들이 알고 있는 현실문제이므로 관심을 쉽게 모을 수 있는 장점이 있다. 따라서 시사성 있는 사건은 항상 인상적이며 그것이 설법의 주제와 연관이 있을 때 더욱 효과적인 서론을 구성할 수 있다.

그러나 거기에는 주의해야 할 점이 있다. 청중 가운데는 어떤 특정문제에 대하여 서로 다른 견해를 갖고 있을 수가 있기 때문에 시사성 기사를 평가할 때 자칫 부주의하면 예기치 못했던 문제가 발생할 수도 있다.

- **창작**

서론은 독특해야 할 필요가 있으므로 때로는 서론의 내용을 창작해야 하는 경우도 생긴다. 이 창작의 내용은 그림을 그리듯이 혹은 시를 쓰듯이 표현하면 효과적이다.

여러분 이런 일을 생각해 본 적이 있습니까? 섣달 그믐날, 해는 저물고 날씨는 몹씨 추운데 모든 사람들이 고향으로 떠난 텅 빈 대합실에서, 갈 곳도 모르고 갈 곳도 없어서, 어찌할 바를 몰라 서 있는 나그네의 허탈한 심정을 생각해 본 적이 있습니까?

- **기타**

이상의 방법들 외에 놀랄 만한 기사, 통계, 혹은 사실들도 매우 유용할 때가 있다. 그 밖에 경구(警句)를 사용하거나 인상적인 표현, 또는 책, 인용구를 사용해도 좋다.

일생 동안 명쾌한 독설로 많은 사람들의 인기를 모았던 버나드 쇼의 묘비에는 본인의 유언에 따라 다음과 같은 간단한 묘비명이 새겨져 있습니다.
"우물쭈물하다가 내 이럴 줄 알았다."

나는 천상천하에 유아독존이니라.

혜가여! 내 너를 이미 안심시켰노라.

그러나 언제나 설법에 있어서 형식을 갖춘 서론이 있어야 한다는 선입관에 사로잡힐 필요는 없다. 한 마디의 칼날 같은 선적(禪的) 질문에 연이은 단도직입적인 본론이 크게 효과를 거둘 수도 있기 때문이다. 중요한 것은 일상적이고 상투적인 방법에서 벗어나 신선한 주의를 끌 수 있는 다양한 방법을 끊임없이 개발하고 창작하여야 한다는 점이다.

다. 좋은 서론의 조건

■ 인상적인 서론

첫인상은 항상 오래가며 쉽게 변하지 않는다. 설법자가 만약 처음 몇 마디 말에서 흥미를 일으키지 못한다면 뒤에 다시 흥미를 유발시키기란 몇 배 더 어렵다는 사실을 알아야 한다. 물론 그보다 더 어려운 일은 인상적인 호소력을 가지고 시작된 설법에서 그 흥미를 계속 유지시켜 나가는 것이다.

서론은 그것이 청중의 관심점에 부응할 때 그리고 그 생각이 독창적인 방법으로 표현될 때 더욱 인상적으로 된다. 설법의 첫 시작이 인상적일 때 청중은 거기에 계속 주의를 기울이게 된다. 만약 설법이 지루하게 시작된다면 청중들은

'또 그 설법'이라고 생각하게 된다. 또한 서론의 소재가 되는 이야기가 진부한 것일 경우 아무 관심도 불러일으키지 못하므로 신선한 것이어야 한다.

인상적인 서론을 위한다고 하여 본론의 내용과 그다지 관계가 없는 사실이나 경의 내용 또는 유머를 위한 유머를 사용하는 것은 시간을 낭비하는 것이며 성공적인 설법에는 별로 공헌하지 못한다.

그렇다고 하여 유머가 설법에서 아무런 역할도 하지 못한다는 말은 아니다. 유머도 적절하게 사용하면 매우 효과적일 수가 있다. 그러나 설법의 내용과 관련이 없는 유머는 텔레비전을 통해서도 얼마든지 들을 수 있다는 사실을 주지해야 한다.

- **명백하고 적절한 서론**

청중들에게 처음부터 추상적이거나 복잡한 개념을 이해시킨다는 것은 다소 무리가 된다. 뿐만 아니라 전해야 하는 생각들이 그 주제 안에서 흥미가 유발되도록 하기 위해서는 그 의미가 명백해야 한다. 이해할 수 없는 개념에서 흥미를 유발시키기란 불가능하기 때문이다.

만약 설법의 내용이 매우 깊이가 있는 것이라면 서론 또한 더욱 명확할 것을 요구한다. 왜냐하면 매우 심오한 개념은 명백한 기초 위에 점차적인 접근만이 그 뜻을 명확히 할 수 있기 때문이다.

또한 서론은 본론과 연관성이 있어야 한다. 서론은 병마개와 같은 것이다. 그 마개를 열어야 그 병 속에 든 것을 꺼낼 수 있는 것처럼 서론 없이 설법을 시작할 수는 없다. 또한 그 병에 꼭 맞는 마개여야 하는 것처럼 서론은 본론과 연관성을 가져야만 한다.

■ **단일한 서론**

설법의 서론은 단 하나의 개념만을 지녀야 한다. 왜냐하면 중복된 개념들은 명료함을 주지도 못하고 혼선을 유발시킬 수 있기 때문이다. 서론에서 여러 가지 개념들을 제시하는 것은 여러 사람이 한 설법자를 소개하는 것과 같다. 어떤 사람은 장황하게 소개하는가 하면 어떤 사람은 엉뚱하게 소개할 가능성도 있는 것이다. 어쨌든 여러 사람이 한 사람을 소개하는 것은 좋은 효과보다는 그 반대의 효과가 나기 쉽다.

■ **간결한 서론**

어떤 모임에서 사회자가 주인공을 소개하기 위해 30분을 소비해 버린다면 청중은 짜증이 날 것이다. 그와 마찬가지로 어떤 설법자가 주제를 도입하기 위하여 설법시간의 반

이상을 소모하여 버린다면 그 설법이 성공적이기를 바라지 말아야 한다. 불교의 설법자 가운데 극히 일부이기는 하나 서론에 너무 많은 시간을 써 버리는 경우가 더러 있다.

어떤 설법자는 청중이 본론의 상당부분까지 왔다고 느끼는 지점에서 비로소 "그래서 오늘은 이러이러한 주제를 가지고 여러분과 함께 생각해 보고자 합니다." 하는 서론식의 발언을 함으로써 청중을 실망시키는 경우가 있다. 서론은 간결해야 좋으며 그것은 핵심적인 본론을 위해 존재하는 것임을 염두에 두어야 할 것이다.

대부분의 경우 전체적으로 너무 긴 설법은 서론 또한 길다. 오늘날 긴 설법에 긴 서론을 바라는 청중은 거의 없다는 사실을 명심해야 한다.

■ **변명이 없는 서론**

가끔 서론에서 자기 변명 혹은 준비부족을 장황하게 늘어놓는 설법자를 보게 된다. 청중이 눈치채지 못할 정도의 경미한 목소리나 건강, 사고 등의 불가피한 상황을 사과함으로써 오히려 청중에게 더욱 강조되어 버리는 수가 있다. 이럴 경우 실제로 괜찮은 설법내용도 평가절하 당하는 경우가 있다.

만약 준비가 없었다면 설법단상에 서지 말았어야 하고,

일단 단상에 서게 되었다면 아무리 준비가 없었더라도 최선을 다하면 되는 것이다. 사과한다고 해서 더 좋은 설법이 당장 마련되는 것도 아니고 청중들이 보충하여 들어 주는 것도 아니기 때문이다.

설법자가 스스로의 약점을 고백하는 순간부터 청중들은 의식하지 않았던 설법자의 약점을 찾아내기 위하여 노력한다는 사실을 명심해야 한다. 그렇다고 하여 오만하거나 자기 소개로 시간을 소비하거나 자기 자랑 등을 하는 행위는 삼가야 한다. 결코 변명은 하지 않되 겸손한 태도가 서론에서는 늘 중요하다.

■ **부드러운 서론**

서론이 전체 설법에서 차지하는 시간적 비중은 전체의 10분의 1, 많아도 5분의 1을 넘어서는 안 될 것이다. 서론이란 설법의 시작에 불과한 것이기 때문에 감정적으로도 차분하면서도 흥미를 유발하도록 하는 데 그쳐야 한다. 처음부터 흥분하게 되면 절정에 도달하기 전에 설법자나 청중은 다같이 기력을 잃고 만다. 뿐만 아니라 본론에서 전할 것 이상의 과장된 기대를 갖도록 해서도 안 된다.

■ 의도가 숨겨진 서론

설법자가 알아야 할 또 하나의 사실은, 서론에서 설법의 본론에서 다룰 모든 것을 다 드러내 놓는 것은 전혀 지혜롭지 못한 일이라는 점이다. 자신의 견해에 호의를 가진 청중에게 이야기할 때라도 이야기의 의도를 어느 정도 숨겨 두는 것이 더욱 효과적이라는 사실이 실험에 의해서도 증명된 바 있다.

청중이 그 주제에 깊이 관련되어 있고, 화자의 견해에 호의적일 경우일지라도 그것이 그들을 위해 의도적이었다는 것을 알고 들을 때보다 우연히 그 메시지를 듣게 되었다고 느끼는 때에 더 큰 영향을 받는 것으로 밝혀지고 있다.

그러므로 서론에서는 설법의 주제를 명확하게 암시하기는 하되 전개될 본론의 내용을 다 드러내서는 안 된다. 그러기 위하여 설법의 간결성과 명료성을 방해하는 사항들이 제거되어야 하는 것이다. 서론이어야 할 이야기가 장황하거나 본론보다 비중을 더 차지하게 될 때 성공적인 설법은 기대하기 어렵다는 말이다.

(2) 결론

가. 결론의 역할

결론은 설법 전체의 매듭이요 마무리이다. 이는 청중들의 "이것이 나와 무슨 상관이 있느냐?"라는 질문에 대한 대답이다. 그러므로 결론에서의 메시지는 나쁜 사람이 아닌 각자에 적용되는 것이며, 각자가 신앙하고 수행해 나아가야 할 내용임을 청중에게 확인시켜야 하는 것이다. 모든 설법은 성취하고자 하는 특정한 목적이 있다. 그러므로 설법의 결론이 그 목적을 최종적으로 완성하지 않으면 안 된다.

오늘날 설법자들 가운데 본론을 잘 전개해 놓고도 결론에서 그 내용과 듣는 청중의 관계를 마무리지어 주지 못한 까닭에 실패하는 사람들이 있다. 사람들은 누구나 자기와 관계 없는 것은 좋아하지 않는다. 그러므로 설법자는 자기의 설법이 어떻게 청중의 실생활에 활용되고 실천으로 열매를 맺는가에 관하여 확실히 해둘 필요가 있다.

특히 불교의 모든 교리는 실행으로 맺어지도록 되어 있기 때문에 이 부분에서 실행에의 초대는 매우 중요하다 하겠다.

나. 결론이 지녀야 할 다섯 가지 요소

- 통일성

설법자가 본론에서 전개했던 내용과 결론에서 매듭짓는 내용에는 통일성이 있어야 한다. 본론에서 전개했던 내용과 다른 결론이 제시될 때 청중은 혼란에 빠지게 된다. 그러므로 설법작성시에는 본론과 결론의 내용이 통일성을 유지하고 있는지를 반드시 확인할 필요가 있다.

- 명확성

설법자는 청중에게 전달하고자 하는 바를 결론에서 명확하게 제시할 필요가 있다. 그 명확성을 유지하기 위하여 결론에서 제시하고자 하는 내용을 간단한 문장으로 만들어 한 두 차례 반복하는 것도 하나의 방법이 된다.

그리고 그 설법자의 결론을 청중 개개인이 내린 결론인 것처럼 생각하도록 한다면 더할 수 없는 성공이라 생각해도 좋다. 사람이란 자기 자신이 찾아낸 진실에는 더할 수 없이 강한 집착을 갖게 마련이기 때문이다.

- 간결성

본론부분에서 그 논지가 형편상 여러 갈래로 전개되었다 할지라도 결론에 이르러서는 그것이 간결하게 정리되지 않으면 안 된다. 일반적으로 결론은 전체시간의 10퍼센트 정도가 소요될 만큼 간결해야 한다.

- **구체성**

결론은 구체적이며 개인에게 적용될 수 있는 것이어야 한다. 설법의 어떤 부분에서도 그저 일반적인 것을 소개하는 것은 위험한 일이지만, 결론 부분에서는 특히 구체성이 요구된다. 가능한 한 추상적인 어휘나 개념보다는 구체적인 용어를 사용하는 것이 청중으로 하여금 메시지의 뜻을 제대로 이해하고 그에 상응하는 반응을 가져오게 할 것이다.

"여러분이 부처님의 은혜를 생각해 본다면 여러분의 생활에 보탬이 될지도 모르겠습니다." 하는 식의 결론은 설법의 전체적인 목적을 흐리게 한다. 이보다는 "당신이 가장 미워하고 싫어하는 상대를 자비실현의 대상으로 삼아야 합니다."라고 하는 쪽이 더 구체적인 결론이 될 것이다.

- **강력성**

결론은 힘이 있고 강력한 것이어야 한다. 그러나 그것은 목소리를 크게 한다든지 제스처를 강하게 한다든지 하는 설법자의 흥분을 말하는 것이 아니다. 보다 중요한 것은 정신적인 구도적 정열과 깊은 신앙심에 바탕한 신념의 강도이다. 이 신념의 강도가 긴박감을 통하여 힘 있고 조리 있게 전달되지 않으면 안 된다는 것이다. 결론 부분에서 설법자는 청중에게 이제까지의 메시지와는 뭔가 다르다는 느낌을 주지 않으면 안 된다.

다. 결론의 방법

- **요약**

결론에서 가장 일반적으로 사용되는 방법은 요약이다. 요약은 설법자가 말한 내용을 다시 한 번 상기시켜 주고 내용의 요점을 부각시킴으로써 설법의 효과를 한층 높이는 방법이다.

본론의 내용이 뚜렷이 기억에 남을 만한 대지들로 구성되어 있을 때 더욱 효과적이라 하겠다.

- **인용**

다음으로 사용 가능한 방법은 인용이라 하겠다. 결론에서 인용하는 적절한 인용구는 설법자의 몇 마디 말보다 더 강렬한 인상을 줄 수 있다. 여기에서 인용 가능한 것으로는 선시(禪詩)나 불전 그리고 조사어록 등이 될 수 있으며 때로는 『찬불가』의 가사내용도 효과적으로 인용될 수 있다.

해제법문에 많이 인용되는 선시를 하나 소개하여 보자.

첩첩 청산에 도의 꽃이 만개하여
돌 사이로 흐르는 물 자유로이 노래하네.
목동이 소 위에서 구멍 없는 피리 부니
사자가 달을 보고 살며시 미소하네.

萬疊靑山道花滿
流水石間自在聲
牧者牛上無孔笛
獅子見月開微笑

그러나 인용구는 설법의 핵심을 지니고 있으면서도 여운을 지니고 있는 것이 좋으며 그렇지 않을 경우 도리어 설법의 좋은 분위기를 희석시킬 수 있다. 또한 인용문은 설법자가 반드시 외워야 하며, 메모를 보면서 전달하는 것은 그 효과가 반감된다.

■ **호소 및 다짐**

결론으로 또 한 가지 생각할 수 있는 것은 호소나 다짐이다. 본론의 내용에 바탕하여 청중에게 신앙 또는 수행을 권면하는 방법으로 사용할 수 있는 것이다. 때로는 설법자가 직접적이고 강력하게 권고할 수도 있으며 설득적으로 간접적인 호소를 할 수도 있다. 여기서 주의할 점은 개인과 개인의 만남을 이룩하라는 것이다. 그것은 청중 개인이 느끼기에 설법자가 자기 자신에게 호소하는 것으로 느끼도록 해야 한다는 것이다.

물론 청중에게 경책하는 것처럼 해서는 안 될 것이다. 신앙과 수행의 다짐이 개개인 모두에게 일어날 수 있도록 말투도 개인에게 말하듯이 하는 것이 보다 효과적이라는 것이다. 예를 들어 "신도님들이 관음주력을 통해서 가피 입는 생활을 하기 바랍니다."보다는 "당신이 관음주력을 통해서 가피 입으시기를 간절히 당부합니다." 식으로 개인에게 호소하는 형식이 효과적이라는 것이다.

그리고 이 호소와 다짐은 지성과 감성 그리고 의지, 즉 지(知)·정(情)·의(意)의 세 방면에 아울러 호소해야 더욱 효과적이라는 사실을 잊지 말아야 할 것이다.

■ 생략

설법자가 결론을 과감하게 생략해 버리고 하단하는 수도 있다. 청중은 법사가 갑자기 설법을 중단하고 하단하면 나름대로의 충격을 받게 된다. 선의 법문을 하는 선사들이 자주 사용하는 방법이다. 그러나 이러한 방법을 자주 사용할 경우 그 효과가 반감된다는 사실을 유념해야 한다.

라. 결론에서의 주의점

■ 새로운 이야기를 끌어들이지 말라

결론은 설법에 새로운 것을 덧붙이는 작업이 아니며 지금까지 전개한 내용을 다시 한 번 돌아보고 마지막 정리를 하는 것이다. 그러므로 결론에 새로운 요소를 첨부하는 것은 설법 전체를 흐리게 하는 위험한 일이 될 것이다. 결론의 가치는 설법의 내용을 집약하여 청중으로 하여금 자신이 들었던 설법의 핵심을 단 한 마디로 기억하게 하는 데에 있다. 다시 새로운 의미를 모색하거나 덧붙이는 데에 결론의 의미가 있지 않다는 사실을 명심해야 한다.

■ 자신 없는 결론을 내리지 말라

결론은 설법에 있어서 가장 힘차고 신념에 넘치는 모습을 청중에게 보여 주어야 할 부분이다. 따라서 회의적인 결론을 제시한다든지 자신 없는 모습을 보여 주는 것은 금물이라 할 것이다. 특히 불교의 설법은 신앙만을 강조하는 다른 종교처럼 중간자의 위치에서 전달에 그치는 것이 아니고, 설법자 몸소 실행하고 증득해 가면서 그와 관련지어서 설법을 해야 한다. 그러므로 자칫 본인은 아직 깨치지 못했으므로 잘 모르겠다는 식의 내용이 될 가능성이 있다. 그러나 "내 비록 불지에 오르지 못할지라도 중생을 제도하고야

말겠다."는 보살의 자세로 힘차고 신념에 넘치는 결론을 내리도록 해야 할 것이다.

- **언제나 비슷한 결론을 내리지 말라**

청중으로 하여금 언제나 비슷한 결론이라는 인상을 주지 않도록 하는 것이 좋다. 같은 내용이라도 약간 다른 각도에서 신선한 용어와 분위기와 형식이 되도록 해야 한다.

사용하는 자료의 형태와 그 사용방법 그리고 여러 부분의 순서와 처음과 끝의 방식도 다양하게 하는 것이 좋다. 서론에서와 마찬가지로 결론에서도 청중으로 하여금 그 결론은 뻔하다는 느낌을 가지지 않게 하라.

- **부정적인 결론을 내리지 말라**

주제의 모든 부정적인 면은 설법의 몸체인 본론에서 모두 다루도록 하고, 결론은 사람들로 하여금 결심을 새롭게 하며 가장 신선한 충동과 결단을 내리도록 이끄는 것이어야 한다. 법회에 출석하고 돌아가는 청중들의 발걸음이 희망과 새로운 결의에 차도록 해야 한다. 청중이 죄의식과 부담에 싸여 돌아가는 일이 잦을 때 자연히 법회에 결석하는 일도 잦게 될 것이다.

예를 들어 계율과 같은 부정적 지침이라 할지라도 "무서

운 과보를 받지 않기 위하여 살생을 하지 맙시다."보다는
살생에 대한 폐해는 본론에서 다 마치고 "생명을 중히 알아
모든 생명을 살리고 상생의 세계를 건설합시다."라고 결론
짓는 것이 바람직할 것이다.

■ **끝을 맺겠다는 말을 하지 말라**

설법중에 '끝으로' '한 마디만 더하고 마치겠다' '이것
이 마지막 요점이다' '너무 장황한 설법이 되어서 미안하나
한 마디만 덧붙이자면……' 등의 말은 삼가는 것이 좋다.
그러한 말은 그야말로 사족에 불과하다. 이러한 유형의 결
론은 비행사가 비행기를 착륙시키려고 점차 하강시키다가
이내 다시 이륙해 버리는 것과 같다.

설법이 이제 결론에 든다는 통고를 받자마자 청중은 벌써
돌아갈 준비를 하게 된다. 돌아갈 준비를 마친 청중 앞에서
하는 설법은 그 효과가 반감될 것이 정한 이치다. 또한 끝마
친다는 약속을 자주 하는 설법자들의 가장 나쁜 습관 중의
하나는 너무 자주 그 약속들을 지키지 않는다는 것이다.

그런데 이보다 더 심각한 함정은 확실한 결론을 찾지 못
하고 본론으로 갔다가 결론으로 갔다가 하며 장황하게 지껄
이는 경우이다. 이는 설법이라는 비행기를 착륙시키지 못하
고 연료가 떨어질 때까지 그 지역을 선회하고만 있는 모습

과 같다. 그러다가 마침내 착륙해야 할 때가 되면 설법자도 청중도 기진맥진하게 되는 것이다.

그뿐만 아니라 결론을 말해야 할 때, 변명을 한다든지 유머를 사용한다거나 안경을 벗어 닦는다거나 시계를 본다든가 하는 산만한 언행을 하지 말아야 한다.

그리고 설법자는 적어도 전체의 결론은 기억하고 있어서 원고지나 메모지에서 완전히 자유로울 수 있어야 한다. 그리하여 청중들과 이루어진 눈의 접촉에서 이탈하지 말아야 한다.

8. 전체 원고의 수정

(1) 원고의 수정

 설법자로서 마음에 드는 원고가 작성되었다 할지라도 청중의 입장을 고려하며 수정의 과정을 거치는 것이 좋은 설법을 완성하는 방법이다. 수정하면서 유의할 점은 우선 청중에게는 분명하고 명확한 개념이나 단어를 사용하도록 하여야 한다는 점이다. 특히 어려운 말이나 전문적인 용어 그리고 일상화되지 않은 교리적 용어 등을 사용할 때는 주의하여야 한다.
 또한 현대적인 말을 사용하되 너무 유행적인 것 또는 감각적이거나 재주를 부리는 말은 피해야 한다. 그리고 진솔하면서도 쉽게 기억에 남을 수 있는 말을 사용하는 것이 좋다.
 아무튼 전체의 설법을 원고로 착실하게 정리하여 이를 거듭 수정하는 것이 좋다. 설법단상에 오를 때에 주제 하나만 들고 가는 방법, 메모지만 들고 가는 방법, 원고를 작성하여 들고 하는 방법 등이 있으나 일단은 원고를 다 작성할 것을 대부분의 학자들은 충고하고 있다.

적는다는 것은 그렇지 않을 경우 산만하고 모호하며 지루하게 진술되기 쉬운 것을 간결하고도 정확하게 핵심적으로 표현하는 데 도움을 주며, 사고가 깊어지고 세련되며, 정확한 설법시간을 지키는 데에 필수적이다. 설법안 전문을 작성하는 작업을 몇 번만 실시해 보면 몇 분간의 설법을 위해서 몇 장의 원고를 준비해야 하는지 쉽게 알 수 있을 것이다.

적는다는 것에 반대하는 주된 이유는 그 작업이 시간을 많이 소요한다는 것이다. 적는 작업이 시간을 많이 소요하는 것은 사실이다. 그러나 사고의 명료성과 집중성을 획득함에 따라 설법의 질이 월등히 나아지고 용어가 세련되며 시간을 맞출 수 있다는 장점에 비교하면 그러한 단점은 감수하여야 한다고 본다. 그리고 설법 작성자가 컴퓨터의 워드프로세서 기능을 능숙하게 다룰 수 있다면 이러한 단점은 현저히 감소할 수 있을 것이다.

어떤 설법자는 본인이 설법안을 적은 후 다시 몇몇 사람에게 보여 수정하고 이를 다시 정리하기도 한다. 그렇게까지는 바랄 수 없더라도 설법문안을 완전히 정리하여 본인이 몇 차례 수정하는 작업을 거치는 것은 꼭 필요하리라고 본다. 처음에는 이러한 작업이 힘들고 많은 시간이 소요되나, 여러 차례 거듭하는 동안에 점차 시간을 단축할 수 있고 익숙하게 될 것이다.

(2) 마지막 정리

가. 수정

이 과정에서 자료들이 변경, 제거되고 어떤 문장은 다시 쓰는 결과를 가져온다. 일반적으로 단 한 번에 원고를 완성시키고 이를 만족스럽게 생각하는 사람은 극히 드물다. 문어체를 구어체로, 어려운 낱말을 쉬운 낱말로, 긴 문장을 짧은 문장으로, 진부한 문체를 세련된 문체로 수정해야 한다.

멘델스존은 수정의 중요성을 언급하면서 열세 번이나 고친 베토벤의 악보 한 소절을 예로 든 적이 있다. 그런데 묘한 것은 최종 수정의 악보가 처음의 악보와 같았다. 그렇다고 해서 그간의 수고가 결코 헛된 것이라고 말할 수는 없다. 설법자도 설법안을 충분히 정리하고 재정리할 때까지 결코 만족해서는 안 된다. 그것이 베토벤의 악보처럼 처음의 것으로 되돌아가는 경우가 생긴다 할지라도 그 과정에서 배우는 것이 있게 되고 힘이 붙게 되며 반복하는 사이에 그 자료는 설법자의 기억에 남게 될 것이다.

나. 점검

좋은 설법자는 설법문안을 초안할 때나 완성한 후에 청중의 관점에 서서 점검한다. 우선 내 앞에 앉아 있는 청중을 상상한다. 그리고 설법의 내용을 훑어보면서 스스로에게 이같이 질문을 한다. "이 사람들이나 저 사람들이 혹은 이 그룹이나 저 그룹이 내가 말하는 것에 대하여 어떻게 생각할까?" "이 내용은 저들에게 맞을까?" "그들은 내가 하는 말을 이해할까?" "이 내용은 저들이 바라는 내용일까?" 하고 청중의 입장이 되어 생각할 때 원고의 내용은 수정될 수 있다.

또한 점검할 때에 유의해야 할 사항은 용어선택에 신중해야 한다는 사실이다. 설법자들 사이에서 흔히 사용되고 있는 용어들 가운데 실은 일반청중에게 생소한 것들이 상당히 많음을 명심해야 한다.

스님이나 법사들이 일상생활 가운데 흔히 사용하는 용어들을 설법에 사용하는 경우를 볼 수 있다. 본인들은 쉽게 이해할 수 있고 오히려 자연스럽다 할지라도 일반신도의 입장에서 본다면 이러한 내용의 설법은 무척 당혹스러운 것임에 틀림없다. 따라서 듣는 이의 입장에 서서 다시 점검할 필요가 있다.

다. 연습

설법의 교안이 모두 완성되었으면 실제상황인 것처럼 가정하고 소위 리허설을 해볼 필요가 있다.

설법자가 실제로 설법의 단상에서 설법하는 것처럼 설법안을 읽거나 연습해 보면 설법의 분위기에 젖어들 수 있으며, 이러한 설법의 실연을 통하여 그 동안 발견하시 못했던 문제점들을 보완할 수 있다.

연습은 또한 의도한 대로의 분위기로 정확히 말하며 적절한 제스처의 사용과 설법자 자신의 열정을 표현하는 데에 매우 효과적일 수 있다. 설법이 먼저 설법자 자신의 가슴에 불을 지를 수 있을 때 청중의 가슴에도 불을 당길 수 있다는 것은 매우 자명한 진리이다.

제3장 설법안 작성의 보조기법

1. 설명의 기법
2. 표현의 기법
3. 예화 활용의 기법
4. 예화 삽입의 기법
5. 설법 평가의 기법
6. 설법의 길이

조각가나 음악가 같은 예술가는 그들의 작품이 인간의 삶에 더욱 만족스럽고 유효하도록 하기 위해, 그들의 기술과 정신적인 차원을 높이고자 많은 시간과 노력을 기울인다. 설법자는 여러 종류의 사람들 가운데 가장 높은 사명과 고결한 기능을 가진다. 가장 가치 있고 귀한 사명을 완수하려는 데에 있어서 설법자는 최선을 다하여 스스로의 결함을 고치고 훌륭한 설법자가 되기에 노력하지 않으면 안 된다. 자신의 끊임없는 노력에 의하여 설법은 개선될 수 있다.

　사람들은 이야기를 전달하는 것은 쉬운 일이라고 생각한다. 그러나 같은 이야기라도 전달하는 기교에 따라 그 전달 효과는 상당히 달라진다. 따라서 설법자는 설법의 표현기법과 예화의 효과적인 사용에 의해 설법의 효과가 좌우된다는 사실을 명심해야 하고, 따라서 같은 이야기라 할지라도 효과적으로 이를 재구성하는 기술을 익혀야 한다.

설법은 청중에게 신앙과 수행 그리고 생활 속에서 필요한 지혜와 가르침을 전해 주어야 한다. 그런데 설법의 내용을 살펴보면 인용의 부분보다도 설명의 부분이 보다 많은 비율을 차지하고 있음을 알 수 있다.

어떤 부분에 대하여 어떠한 주안점을 가지고 설명의 부분을 이끌어 가야 할 것인가 하는 것은 중요한 문제라 생각된다. 설법의 문체는 논리적으로 구성을 하는 것도 중요하지만 그 이전에 설명적이고 설득적이어야 하기 때문이다.

그러므로 이는 한편으로 표현의 문제와도 연결된다. 따라서 설법에 있어서 설명과 표현의 기법을 다루는 문제는 깊이 다루어지지 않으면 안 되는 부분이다.

또한 예화의 용법도 설법안의 작성에 있어서 중요한 비중을 차지한다. 설법에 있어서 예화의 필요성은 예화가 인간의 영상의식에 호소하기 때문이다. 시청각 교육이 평면적 교육보다 효과적이라는 사실은 상식이다. 영화나 텔레비전은 현대인의 마음을 더욱 영상적으로 생각하도록 훈련시켰다. 이렇게 길들여진 사람들은 의미를 전달하는 데에 전적으로 논리적 사고에만 의존하는 설법은 들으려 하지 않을 것이다. 그래서 청중은 설법에 있어서도 영상언어를 요구한다.

예화는 비유와 예증에 필수적인 것이며, 석존의 경우 천재적인 예화의 사용자였다. 설법의 내용을 톱니바퀴에 비유한다면 예화는 기름과 같다 할 것이다. 예화는 교리의 설명을 돕고 설법의 이해를 도우며 청중의 주의를 끄는 데에 커다란 힘이 있다.

그래서 본 항목에서는 설법안의 작성에 있어서 중요한 설명의 기법이나 표현의 기법 그리고 예화의 기법과 같은 실제 사용의 원칙으로 삼아야 할 사항들을 중심으로 다루어 보려 한다.

1. 설명의 기법

(1) 개념에 대한 설명

설법을 진행하는 동안 개념에 대한 설명을 해야 할 때가 많다. 교리에 관한 용어라든지 역사상 등장하는 수많은 사실 그리고 불전에 나오는 전문용어에 이르기까지 다양한데, 개념에 대한 설명에는 다음과 같은 여러 가지가 있다.

가. 정의

설명에 있어서 가장 중요한 일은 정의를 내리는 일이다. 설법 뿐만이 아니라 모든 분야에서 정의를 내리는 일은 중요하다. 정의는 어원을 밝혀 주거나 개념의 한계를 정하는 것으로 이루어진다. 불전의 경우 어려운 개념들이 많이 나오므로 설명해야 할 경우가 많다. 특히 교리설법의 경우 개념에 대한 설명은 꼭 필요한 작업이다. 명확한 정의는 청중들의 생각의 범위를 정하게 해주며 불확실한 사실에 대하여 확신을 가지게 해준다.

나. 분류

설명을 돕는 다음의 일은 분류작업이다. 설법의 내용을 때에 따라서 개념별, 교리별로 분류하고 이를 연관지어 설명할 때 청중들의 이해 향상에 도움이 된다.

다. 비교

설명하는 데 있어서 세번째는 비교하는 작업이다. 이는 설명을 하는 데에 유용하며, 일반적으로 손쉽게 사용되는 수단이기도 하다. 비교는 대조와 유추로 나눌 수 있는데, 이는 곧 다른 대상과의 관계를 살핌으로써 그 개념의 확실성을 더해 주는 것이다.

이와 같은 개념에 대한 설명은, 때로는 설법의 주된 흐름을 방해하는 수가 생기기도 하는데, 이는 간단하면서도 명료한 처리가 필요하리라고 판단된다.

라. 비유

비유는 앞의 비교와 비슷할 수 있으나, 설명하는 데에 어떠한 사실과 비슷하거나 반대되거나 유추하게 되는 사항을 들어 본래의 뜻을 이해하고자 할 때에 쓰인다. 불전은 비유의 보고(寶庫)이며 석존은 비유의 달인이었다.

『열반경』의 「사자후보살품」에서는 개념을 설명하기 위해 여덟 가지 비유를 들고 있는데, 이는 오늘날의 변론에도 매우 적실하게 적용되는 것으로 보인다. 여기서의 비유란 사물을 알게 하기 위한 방편적 기법이라 생각할 수 있다. 비유에는 다음과 같은 것들이 있다.

첫째, 순유(順喩)는 사물의 생기 자체를 순서에 따라 비유한 것이다. 작은 것에서 크게 되고 어린 것에서 늙게 되는 등의 비유이다.

둘째, 역유(逆喩)는 순유의 반대로서, 결과에서 원인으로 소급하여 사실을 알게 하는 것을 말한다.

셋째, 현유(現喩)는 눈앞에 나타나 있는 것을 보여 비유하는 것이다. 즉, 책상이나 사람과 같이 보이는 것을 통하여 알게 하는 방법이다.

넷째, 비유(非喩)는 현유와 반대로서, 사실이 아닌 가설을 들어 설명하는 것이다. 어떤 사실을 가정하여 진리를 알게 하는 방법이다.

다섯째, 선유(先喩)는 비유를 먼저 들고 법의를 나중에 드는 것이다. 예를 들면 "어떤 사람이 꽃을 탐하다가 물에 빠지고 마는 것처럼 중생도 오욕을 탐하다가 생사에 빠진다"

고 말하는 방법이다.

여섯째, 후유(後喩)는 법의를 먼저 들고 비유를 나중에 드는 것을 말한다. 예를 들면 "작은 것을 가벼이 하지 말라. 빗방울이 모여 강물이 된다"는 것이다.

일곱째, 선후유(先後喩)는 비유를 앞뒤로 들고 그 중간에 법의를 드는 것이다. 예를 들면 "파초가 열매를 냈으면 죽는 것처럼 어리석은 사람이 자식을 기르는 것이 이와 같다. 노새가 새끼를 배면 오래 살지 못하는 것처럼 어리석은 사람이 재물을 탐하는 것이 이와 같다" 하고 설명하는 것이다.

여덟째, 변유(遍喩)는 모두 비유로써 그 안의 법의를 자연스럽게 해득하게 하는 것이다. 예를 들면 "인연은 하나의 과를 초래하는 원인과 조연을 밝히는 것이니 하나의 콩을 비유한다면 콩씨는 인이고 흙이나 수분, 공기, 거름 등은 연이다. 이 인연에 의하여 새로운 콩씨가 배출되는 것은 과이다"라고 설명하는 것이다.

(2) 교리에 대한 설명

대개의 경우 설법에서 교리에 대한 언급을 할 경우, 무작정 불전의 구절을 나열하는 것만으로는 청중에게 자신의 의도를 충분히 전달할 수 없으며, 좋은 설명과 아울러 적절한 인용이 이루어질 때 비로소 성과를 거둘 수 있는 것이다.

그러므로 불교설법에 있어서 교리에 대한 설명은 어떠한 형식으로든 이루어질 수밖에 없는 것이므로 양적으로나 질적으로 아마 가장 큰 비중을 차지할 것이다. 이 부분은 광범위하게는 불교 해석학의 문제와 연결되고 적게는 설법자의 교리해설과도 관계가 있다.

(3) 역사적 사건에 대한 설명

경우에 따라서 설법에서는 불전의 배경이 되는 역사적 사건이나 조사들의 일화를 설명할 필요가 있게 된다. 예를 들어 불타의 생애에서 사상성을 추출하여 교훈을 얻는 소재로 삼을 수도 있으며, 교리를 설명하기 위해서 불전에 나와 있는 일화 등을 보조적인 이야기로 사용하게 되는 경우도 있다. 이러한 이야기를 전할 때 좋은 방법의 하나는 묘사적 방법이다.

역사적 사건에 대하여 설명할 때 좋은 방법은 설법자 자신이 불전에 등장하여 마치 사건의 현장에 함께 참여하는 것처럼 설명하는 것이다. 이때 청중은 사건의 현장을 옆에서 바라보고 있는 것처럼 설법에서 등장하는 인물들의 음성을 직접 듣게 된다. 예를 들어 선문답을 소개할 때 직접화법으로 그대로 옮겨 연술할 수도 있다.

속성이 주(周)씨인 덕산(德山) 화상이, 선문에 들기 전에『금강경』을 연구하여 주금강이라는 별호를 받아 기세가 자못 하늘을 찔렀습니다. 그는 남방에 교외별전(敎外別傳)이라 하여 교학을 무시하는 선종의 무리가 있다는 말을 듣고 몹시 분개하였습니다. 그는 이 선가(禪家)의 마군을 모조리 소탕해 버리겠다는 결심을 하고, 평생에 심혈을 기울여 작성한『금강경』의 소(疏)를 걸머지고 촉의 땅으로 발걸음을 재촉하였습니다.

어느 날 예양에 도착하였는데 다리도 아프고 배도 고프고 하여 길가에 있는 떡집에 들어갔습니다. 그는 우선 떡장수 노파를 불러 점심으로 맛있게 생긴 떡을 주문하였습니다. 그런데 그 노파는 떡을 가져다 줄 생각은 하지도 않고 주금강에게 물었습니다.

"그 커다란 걸망 속에 든 것이 무엇입니까?"

"『금강경소』가 들었소."

"아, 그러십니까? 스님께서는『금강경』을 독송하시는가 보군요."

"그렇소.『금강경』을 삼천독하였소."

"그러면 제가 한 가지 여쭙겠습니다.『금강경』속에 과거심도 불가득(不可得), 현재심도 불가득, 미래심도 불가득이라 하셨는데, 스님께서는 방금 점심(點心)을 하신다 하시는군요. 그렇다면 어느 마음에 점심을 하시렵니까? 대답을 하시면 이 떡을 거저 드릴 것이요 만약 대답을 못하시면 천금을 주셔도 떡을 드릴 수 없습니다."

(4) 의미를 부여하는 설명

이는 불전 속의 사건을 그대로 옮기는 것이 아니라 설법자 자신의 설명을 붙여 가면서 그 의미를 상황전개식으로 이야기해 나가는 것이다. 그 이야기에 의미를 부여해 가며 단계적으로 잘 전개해 나간다면 청중들은 숨을 죽이고 다음 단계를 기다리게 될 것이다.

부처님께서 사위성에 계실 때의 일입니다. 부처님께서 여러 승방을 두루 살피다가 병든 비구를 발견하셨습니다. 병든 비구는 오랫동안 먹지 못해서 얼굴의 피골이 상접해 있고, 똥오줌은 치우지 못해서 악취가 온 방 안에 진동하였습니다. 그것을 보신 부처님께서 물으셨습니다.
"어찌하여 그대는 여기 홀로 누워 있는가?"

➡ 이 말씀은 한없으신 부처님의 자비를 표출하신 말씀입니다. 지금 부처님께서는 현대를 살아가는 우리에게 물으십니다. 어찌

하여 그대는 여기 홀로 누워 있는가? 우리는 혼자이지 않습니까? 대중 속에 살면서도 안으로 안으로 고독과 절망에 대항해서 싸우는 홀로이지 않습니까? 우리의 모습은 오랫동안 참된 인정을 대하지 못하여 마음은 메말라 있고, 우리의 주변은 이기와 탐욕과 성냄으로 오염되어 악취가 진동하는 그런 세상에서 살고 있지 않습니까?

병든 비구는 부처님을 만나자 너무 감격하고 기쁨이 북받쳐 울먹이며 말하였습니다.
"부처님이시여! 제가 앓지 않았을 때 남의 병든 것을 보고서도 돌보아 주지 않았더니, 이제 제 자신이 이처럼 병들고 움직일 수 없게 되자 모두들 피해 버렸습니다."

➡ 고독과 절망에서 싸우는 우리는 그 원인이 무엇인지를 곰곰이 생각해 볼 필요가 있습니다. 모든 것은 나에게서부터 비롯됩니다. 내가 힘이 있고, 내가 물질이 넉넉하고, 내가 젊은 시절에는 늙고 병들고 외로운 이들에게 조그만 관심조차 가지지 않았습니다. 내가 병이 들고, 나이가 들고, 물질이 나를 보호해 주지 못하게 되니 세상은 나에게서 떠나 버립니다. 세상은 연기의 원리에 의하여 서로 의지하고 서로 지탱하여 살도록 되어 있습니다만, 이러한 부처님의 가르침을 멀리하고, 교만하고 이기적으로 살아왔습니다. 이제 외롭고 인정이 메마름은 거울이 다시 나를 비추듯 나에게로 돌아온 그것입니다.
똥오줌으로 오염되어 악취가 진동하는 원인이 무엇인지를 곰곰이 생각해 볼 필요가 있습니다. 탐욕의 오물, 성냄의 오물, 어리석음의 오물로 인해 우리의 삶은 악취가 진동하고 있습니다. 우리는 이곳 저곳 온통 악취로 뒤덮인 세상을 살아가고 있습니다.

부처님께서는 말없이 스스로 입은 옷을 벗어 비구를 입히시고, 묵묵히 자리를 청소하여 병든 비구를 마른자리에 눕히셨습니다.

➡ 아, 놀랍게도 부처님께서는 아무도 돌보지 않고 외로움과 고독감에 싸여 있는 우리에게 다가와서 자신의 옷을 벗어 우리의 피고름 묻은 옷과 바꾸어 입으시고, 몸소 우리의 주변을 말끔히 청소하여 주십니다. 탐욕과 이기와 독선에 더럽혀진 우리의 마음과 몸을 말끔히 청소하여 주십니다.

부처님은 자비로써 오랜 병고와 외로움에 시달린 우리들을 포근히 감싸고 계십니다.

그리고는 도량에 돌아오셔서 비구들을 모아 놓고 말씀하셨습니다.

"나에게 공양코자 원하는 자가 있거든 병자에게 공양하라. 병자를 보살피는 것이 곧 나를 보살피는 것이다."

➡ 병자를 공양하는 것이 곧 나를 공양하는 것이라는 말씀입니다. 다른 이가 부처가 아니라 병들고 외로운 이가 곧 부처라는 말씀입니다. 오늘날 오염되고 소외된, 병들고 외로운 우리와 우리 주변의 모든 중생들이 바로 부처라는 말씀입니다.

(5) 설법의 내용 자체에 대한 설명

설법안을 작성하다 보면 어떤 내용을 이해시키기 위해 그에 대한 설명이 필요하다. 청중에게 설법의 내용을 이해시키기 위하여 때로 사용되는 기법이기는 하나, 앞의 내용을 설명한다는 명확한 안내 없이도 그 내용을 반복, 각색, 도치하는 방법을 사용하여 자연스럽게 설명할 수도 있다.

이러한 설명의 기법에는 간결한 용어, 대중적인 용어, 고상한 용어, 변화성 있는 용어, 현대인들이 쓰는 용어를 사용하되 가끔 고어와 숙어를 사용하는 것도 신선미를 더해 주는 것이 될 것이다. 동시에 표준어를 사용하도록 해야 하며 때로는 시적(詩的) 표현도 중요함을 알아야 한다.

일반적으로 한국인이라고 하여 한국말을 잘 하는 것이 아니라 학력이나 독서량에 따라서 사용하는 단어의 수와 그 질의 차이가 크다는 사실을 알아야 한다. 문장력에 따라서 의미전달이 좋고 나쁠 수가 있으며, 같은 이야기라도 그 배열에 따라서 효과에 차이가 날 수 있다. 그러므로 보다 극적인 구성, 보다 아름다운 용어의 선택은 설법자의 노력에 달려 있는 것이다.

그러기 위해서는 언제나 청중의 언어를 주의 깊게 연구하여야 하며 가능한 한 그들의 언어로 표현하는 것에 주의해야 한다. 새 단어는 그 의미를 설명하며 자신이 사용하는 말을 청중들이 이해하는지 점검할 필요도 있다.

설법의 문장을 작성하고 설명하는 데에 있어서는 '문장 구조는 될수록 짧게, 설명은 간단한 말로'라는 말이 요체가 된다 하겠다.

2. 표현의 기법

　같은 내용의 이야기나 글이라 하더라도 어떤 사람이 말하거나 글을 쓰면 재미없고 진부한 내용이 되지만, 또 다른 사람이 말을 하거나 글을 쓰면 매우 재미있고 흥미를 끄는 내용으로 변하는 것은 우리의 주변에서도 흔히 경험하는 일이다. 이는 같은 내용일지라도 어떻게 구성하고 표현하느냐에 따라 달라진다는 것을 단적으로 말해 준다.
　설법에 있어서도 이 표현의 문제는 몹시 중요하다. 같은 내용일지라도 보다 효과적인 전달이 되도록 하기 위하여 여러 가지 기법이 참고되어야 한다. 그 기법을 네 가지로 나누어 설명하여 보자.

(1) 명확성

가. 주제와 연결되어야 한다

설법에 동원되는 표현들은 우선 주제와 연결되어야 한다. 주제와 연결될 때 그 설법의 내용은 명확성을 지니게 된다. 설법자가 그의 설법안을 작성할 때에 그 표현들이 명확한지에 대한 가장 간단한 척도는 설법자 자신이 그 내용을 명확하게 이해하고 있는가 하는 것이다. 서머셋 모옴(W. Somerset Maugham)은 다음과 같이 말한다.

모호성의 또 다른 원인은 작가 자신도 자기가 의미하는 바를 확신하지 못한다는 데에 있다. 그는 자기가 말하고자 하는 바에 관하여 막연한 인상 정도는 가지고 있으나, 정신력의 결핍에서든 게으름 때문이든 간에 그것을 그의 마음 속에서 정확하게 구체화시키지 못한다.

이 말은 설법에도 그대로 적용된다고 본다. 설법이 다른 사람들에게 명확해지기 위해서는 먼저 그것이 설법자 자신에게 명확해지지 않으면 안 된다.

한국인이 사용하고 있는 말 가운데는 의미가 분명치 않은 말들이 많이 있다. 예를 들면 '비싼 물건'이라고 할 때, 그것이 만 원짜리인지 천만 원짜리인지 사람에 따라 그것을 상상하는 기준이 다르다. 또한 '오랫동안 아팠다'고 한다면 그것이 몇 주일인지 몇 년간인지 분간하기 어렵다. 설법에 있어서는 구체적인 수치나 예증을 드는 것이 효과가 좋으므로 정확한 표현을 하도록 주의해야 한다. 구체적인 표현은 설법을 받아들이는 청중에게는 매우 효과적으로 작용한다.

주제의 명확성에 대한 중요성에 대하여 헨리 조웨트(John Henry Jowett)는 다음과 같이 쓰고 있다.

모호성을 심오함과 혼동하지 말며 명료성이 필연적으로 천박한 것이라고 생각하지 말라. 설교자는 명확한 개념들을 추구하는 데에 진력해야 하며, 그는 자기가 설교하는 모든 설교의 주제와 목표가 그의 능력이 미치는 데까지 명료한 문장으로 표현되어야 한다는 사실을 명심함으로써 자신의 노력을 강화해야 한다.

나. 간결하고 쉬운 용어를 사용하라

설법에서는 가능한 한 간결하고 쉬운 말을 사용하는 것이 좋다. 간혹 어떤 설법자는 복잡하고 어려운 말을 사용해야 설법의 수준이 높은 것으로 생각한다든지 어려운 한문 구절을 인용하는 것이 좋은 것으로 생각하는 경우가 있다.

물론 선시(禪詩)나 불경의 대목 중에서는 한문을 원문 그대로 인용하는 것이 분위기를 살리며 효과적일 경우도 있다. 그러나 대부분의 경우 간결하고 쉬운 문체가 설법에 있어서 효과적이며 따라서 이러한 문체를 사용하는 습관을 들여야 한다.

청중 가운데 지성그룹이 많이 있다고 하여 어려운 문체나 현학적인 표현을 사용하여야 할 것으로 생각하는 설법자가 있는데 그것은 잘못된 생각이다. 오히려 그들은 쉽고 흥미 있는 설법을 듣기 위해 나오는 것이다. 그리고 그들은 각자의 전문 분야만을 잘 알 뿐이지 불교의 교리에 대해서는 설법자가 전문가임을 명심해야 한다.

설법자는 학자들이 교리에 대하여 연구한 결과를 받아들이는 데에 게을러서는 안 된다. 그러나 일단 설법단상에 올라서면 학자들의 학구적인 용어들을 청중이 수용할 수 있는 쉬운 일상적인 용어로 바꾸도록 해야 한다. 페리스는 "적어도 고등학생들이 이해할 수 있을 정도의 용어로 설교할 수 없는 설교자는 결코 설교해서는 안 된다"고 말하고 있다.

중요한 대목의 경우 같은 표현을 반복하거나 또는 조금씩 다른 표현을 써서 중복하여 전하는 기법을 활용하는 것도 좋을 것이다.

그리고 문장은 되도록 간결하게 하는 것이 좋다. 물론 명확한 문장은 다 짧은 문장이라거나 모든 설법문장은 짧아야 한다고 생각하는 것은 정확한 말이 아니다. 오히려 문제는 문장이 한결같이 짧거나 길 때 발생하는 것이다. 그러나 대체로 짧은 문장은 어느 정도 목표달성에 기여하며 하나의 생각을 더욱 정확하게 해준다.

"현인처럼 생각하고 범인처럼 말하라"는 아리스토텔레스의 말은 설법자가 보감 삼아야 할 것으로 생각된다.

다. 인용은 짧은 것이 좋다

인용은 되도록 길지 않게 하는 것이 좋다. 인용은 설법에 있어서 상당한 분량과 비중을 차지한다. 그러나 인용을 할 경우 분별해서 사용할 필요가 있다. 이것들은 설법자의 사상과 설법의 흐름을 보조하는 수단으로 쓰여야지 이를 대신하는 것으로 쓰여져서는 안 되기 때문이다.

또한 인용문은 적절해야 한다. 그리고 실제로 설법자의 논지를 예증하는 것이어야 한다. 그러나 무엇보다 중요한 것은 인용문은 설법자의 사고의 행렬 안으로 작용해야 한다는 점이다. 따라서 인용문은 '사용하되 사용하지 않을 수 없을 때 사용하는 것'이 좋은 방책이다.

설법자들을 보면 가끔 너무 긴 인용문을 인용하여 설법의 효과를 감소시키는 경우를 본다. 불전의 경우를 보면 문장이 긴 것들이 일반적이다. 그러한 것을 인용하기 위해서는 불전의 상황성은 살리되 설법자 자신에 맞게 재구성하고 되도록 줄여서 자신만의 기법을 스스로 계발해야 한다고 본다.

(2) 다양성

설법에 있어서 표현은 다양하게 하는 것이 좋다. 그것은 청중의 흥미를 끌고 설법의 효과를 높이는 데에 중요한 역할을 하기 때문이다. 또한 설법의 표현을 다양하게 하는 것은 그 다양한 상황과 형태의 설정을 통하여 구체적으로 청중들의 상황을 실감 있게 어루만져 줄 수 있기 때문이다. 다양성은 수식어의 사용과 어떤 상황의 대조 그리고 상황성을 살리는 방향으로 이루어져야 한다.

가. 다양한 수식어

수식어는 다양하게 사용하는 것이 좋다. 예를 들어 "사람은 누구나 문제를 가지고 있습니다. 건강에 관한 문제, 금전에 관한 문제, 자녀에 관한 문제 그리고 인간 관계에 관한 문제……"와 같이 사람들이 지니는 문제점을 다양하게 표현하여 그 문제와 연관되게 하는 것이 좋다.

또한 다양성과 연결지어 생각할 때 설법자는 되도록이면 사실이나 사물을 아름답게 표현하도록 노력해야 한다. 그러나 아름답게 표현하라고 해서 억지로 꾸민 듯한 부자연스러운 표현은 피해야 한다. 설법도 작가의 작품과 같다. 그러므로 아름다움을 지향하되 자연스럽고 자기답게 하는 것이 가장 중요하다.

나. 대조의 심화

설법에 있어서 대비를 시킬 필요가 있을 때는 그 대조를 심화시키는 것이 좋다. 한 가지 사실을 설명하는 데 극적인 대조를 하는 것은 효과적인 표현방법이다. 이러한 대조는 그 대상의 확실성과 가치를 더해 주며, 청중들에게 자신의 경계를 극복할 수 있는 동기를 유발시킬 수 있기 때문이다. 대조의 경우는 선과 악, 슬픔과 기쁨, 성공과 좌절 등의 대조적인 상황이나 감정을 대비시키는 것이 효과적이다.

> 백 년 동안 아끼던 재산
> 하루아침의 티끌이요,
> 사흘이라도 닦은 마음은
> 천 년의 보배일세.
>
> 百年貪物 一朝塵
> 三日修心 千載寶
>
> — 야운(野雲)의 자경문(自警文)

두 사람의 죄수가 있었습니다. 두 사람은 똑같이 중죄를 짓고 같은 감방에서 복역하고 있는 중이었습니다. 그 감방에는 위쪽과 아래쪽의 두 개의 창문이 나 있었습니다. 한 사람의 죄수는 아래쪽의 창문을 보며 자신의 신세를 한탄하였습니다. 더러운 흙과 자갈이 깔려 있었고 비라도 올라치면 흙탕물이 흐르는 것밖에 보이지 않는 아래쪽 창문은 흡사 자신의 신세를 보여주고 있는 것만 같았습니다. 그 죄수는 자꾸만 자신을 학대하고 불길한 장래에 대해서 생각했습니다.

다른 한 사람의 죄수는 위쪽의 창문을 보고 살았습니다. 위쪽 창문으로는 푸른 하늘이 있고 봄이면 종달새가 높이 날며 자연을 노래하였습니다. 때로 얼굴을 내미는 태양과 흰구름을 보면서 이 죄수는 자연을 찬미하는 시상(詩想)을 가다듬었습니다.

형기를 마치고 출소하는 날 한 죄수는 정신병원으로, 한 죄수는 시집원고를 가지고 출판사로 갔습니다.

(3) 진실성

표현에 있어서 설법의 어체는 진솔체를 사용해야 한다. 인간이 가장 감동하기 쉬운 것은 진실한 모습이 그대로 드러날 때이다. 화려하고 현학적인 표현보다는 설법자의 신앙과 수행 그리고 인격에서 묻어나는 진솔한 표현이 좋다. 그러므로 허구를 써 놓은 소설보다 진실한 기록이 더 가슴에

와닿는 것이다.

사상은 그것이 진실하게 표현되어 있을 때만 강한 힘으로 다른 사람에게 전달될 수 있다. 진실된 어체는 명료함에 바탕한다. 어체의 명료성과 진실성이 부족하면 자기의 사상을 잘 전달할 수 없으며 청중을 확신시키기도 어렵다. 그러므로 어체는 진솔하고 명료해야 한다.

그렇다고 설법자가 심한 사투리를 사용해도 좋다는 이야기는 아니다. 사투리를 사용하는 설법자는 특히 유념하여 최대한 교정할 수 있도록 해야 한다. 지방에 따른 억양을 완전하게 고칠 수는 없다 하더라도 그 뜻을 알아들을 수 없는 독특한 사투리, 불분명한 표현은 고치도록 노력해야 한다.

진실성을 강화하기 위한 방법으로 타인을 인용하는 부분에서는 반드시 그 사람의 실명(實名)을 사용하도록 하는 것이 좋다. 부득이한 경우에는 가명(假名)이라도 사용하는 것이 좋다. 르돌프 프레슈는 다음과 같이 말한다. "이름처럼 이야기에 진실미를 깃들이게 하는 것은 없다. 반대로 익명(匿名)처럼 비현실적인 것은 없다. 주인공의 이름이 없는 소설을 생각해 보라."

(4) 상황성

설법에 있어서 사실의 상황성을 살리는 일은 설법의 효과적인 전달을 위해 매우 중요한 일로 보인다. 문장의 상황성을 살리기 위해서는 다음과 같은 점에 유의하는 것이 좋다.

가. 영상적 표현

상황성을 살리기 위해서는 영상적 표현을 사용하는 것이 좋다.

사람이란 언제나 외부로부터의 모든 정보를 내면에서 형상적으로 이해하는 버릇이 있다. 즉, '유유히 흐르는 강물'이라고 하면 청중은 각각 각자가 지니고 있는 강가의 추억으로 즉시 돌아가서 설법의 상황을 이해하려고 한다. 그러므로 그러한 형상적 이해를 돕는 감각적 표현은 설법의 전달에 매우 좋은 방법이다.

예를 들어 "그 사람은 죽어 있었다"라는 표현보다 "그 사람은 싸늘하게 식어 있었다"라는 표현이 좀더 감각적이다. 만일 "선생님이 칠판에 글씨를 쓰자 분필은 찍찍 소리를 내었다" "치과의사의 드릴이 지이지이 하며 내 이를 갈았다"라는 문장을 읽는 독자라면 소름이 끼치는 기분 나쁜 상상을 하게 될 것이다. 이는 사람이란 감각적인 표현을 하면 쉽게 그 분위기에 빠져들게 마련이라는 사실을 입증한다. 이러한 감각적 표현은 청중이 그 상황으로 돌아가 공감을 느낄 수 있게 하는 것이다.

설법에 있어서 이러한 상황적인 언어의 사용은 청중으로 하여금 설법의 내용을 쉽게 자신의 것으로 삼도록 하는 효과가 있다. 또한 설법자가 설법하고 있는 그 사건의 현장 속으로 들어가도록 도와 주는 것이다.

유능한 설법자는 청중 앞에 영상을 떠올리게 만드는 사람이다. 따라서 상세하고 구체적인 용어와 상황을 말하여 주의력을 불러일으키는 데에 노력해야 한다. 그러기 위해서는 말 가운데 실례나 고유명사, 숫자, 날짜 등을 집어넣는 것이 좋다.

나. 구어체의 사용

설법안의 문장은 구어체가 되도록 하는 것이 좋다.

설법안을 작성할 때 자칫 범하기 쉬운 것 중의 하나는 문어체식 전개이다. 문장을 반복하며 다양하게 구사하는 데에 구어체적 기법을 사용하면 다양한 계층의 청중과 만날 수 있는 기회를 제공함과 동시에 반복과 점층을 통하여 설법의 효과를 더욱 심화시킬 수 있다.

다. 짧은 문장

설법에서 사용하는 문장은 길지 않은 것이 좋다. 수사학에서 말하는, 효과적인 표현법의 기본적인 것 중 하나가 긴 문장을 짧은 문장으로 바꾸는 것이다. 긴 문장은 힘이 없다. 긴 문장은 이해도가 떨어진다. 긴 문장은 지루하며 혼란을 일으키며 생동감이 적다. 짧은 문장일 때 더 강도가 있으며 상황성을 살리는 데에도 도움을 준다는 사실을 알아야 한다.

한 그룹의 말들이 모여 있을 때 더욱 강조해 나가는 형태의 말을 구사하기 위해서는 맨 처음보다는 그 다음이 그리고 그 다음이 좀더 짧은 문장이 나와야 한다. 이러한 형태의 구성은 강한 강조가 된다. 개인과 상황에 따라 다르므로 일률적으로 말할 수는 없지만, 한 문장이 노트 두 줄 이상이 되면 끊는 것이 좋다. 세 줄 네 줄로 이어지면 진부한 느낌을 주게 된다.

3. 예화 활용의 기법

예화라는 말에 해당하는 영어단어 '일러스트레이트 (illustrate)'는 '분명히 하다', '조명하다', '주제에 빛을 던져 주다'라는 의미이다. 설법에 있어서 예화의 중요성은 설법의 단상에 서 본 사람에게는 더 이상 설명할 필요가 없을 것이다.

영국의 유명한 설교가 스펄전은 설법과 예화의 관계에 대해 이렇게 설명했다. "만일 설교를 건축가 짓는 집으로 비유한다면 예화는 그 집의 창문과 같다. 만일 집에 창문이 전혀 없으면 그 집은 어둡고 캄캄한 감방과 같게 되고 만일 창문이 너무 많게 되면 방의 아늑함을 상실하고 만다."

메카트니는 자신이 몇 달 전에 행한 설교 중 기억나는 것을 적어 보라고 요청한 경험을 다른 사람에게 이야기하면서, 단지 한두 사람만이 그 설교의 개요나 내용들을 기억하고 있을 뿐 거의 모든 이들이 그 안에 들어 있던 예화만을 기억하고 있었다고 밝힌 바 있다. 이러한 점만 보더라도 설교에 있어서 예화의 중요성을 짐작할 수 있다.

여기서는 예화의 역할과 응용기법에 대하여 살펴보기로 한다.

(1) 예화의 역할

가. 이해

예화는 우선 설법에서 말하는 내용을 이해하는 데에 결정적인 역할을 한다.

특히 기독교보다 불교 쪽의 경우 예화의 필요성은 더욱 절실하다고 본다. 그것은 말씀의 전달이 주된 기독교의 교리체계에 비해 언어도단인 성품의 본체를 밝혀 전달해야 할 불교에서 비유와 예증이 더욱 필요한 것은 자명한 사실이기 때문이다.

『법화경』을 비롯한 불전들의 내용을 보면 매우 훌륭한 비유와 예화로 구성되어 있음을 알 수 있다. 『백유경』 같은 경우는 처음부터 우화적인 예화가 전개되어 인간의 심리를 해부하고 있다. 설법에 있어서도 예화에 대한 연구를 게을리 하지 말아야 할 것이다.

나. 흥미

예화는 또한 흥미를 불러일으킨다. 관심을 가지지 않은 청중에게 진리를 가르치기는 매우 어려운 일이다. 관심은 흥미를 가질 때에 생긴다. 청중의 흥미를 유발시키기 위해서 예화는 필요하다. 정기적으로 계속되는 설법의 신선함은 주제에 대해 인상적이고 흥미 있는 예화를 계속 계발하는 설법자의 능력과 정성에 의해 크게 좌우된다고 하여도 무리가 아닐 것이다.

다. 논증

예화는 또한 논증을 도와준다. 언어도단의 경지를 설명하기 위해서는 논리는 무용한 것이 된다. 왜냐하면 논리는 언어를 통하지 않으면 안 되기 때문이다. 이러한 초논리의 세계는 깨달음의 경험에 의한 증명〔覺證〕을 예로 드는 수밖에 없다. 그뿐만 아니라 인과의 세계를 설명하는 데에도 예화를 드는 것이 가장 효과적임은 말할 나위도 없다.

라. 기억

예화는 기억에 오래도록 남는다. 좋은 예화는 청중들의 심상을 자극한다. 청중은 설법의 내용은 잊기 쉬우나 예화는 기억하기 쉽다. 그러므로 그 예화를 통하여 설법의 내용을 기억에 남게 하여 잊혀지지 않게 한다. 설법을 인상적인 것이 되게 하기 위해서는 회화적인 방법으로 진리를 구체화하는 예화를 잘 사용하는 것이 중요하다.

마. 동시효과

예화는 각 계층에 동시에 호소할 수 있다. 같은 내용이라도 청중의 계층에 따라서는 어려운 것이 될 수 있다. 그러나 예화를 적절히 사용하면 어린이에게도 효과적으로 전달할 수 있다. 어떤 면에서 예화는 책의 삽화와 같다 할 것이다.

바. 휴식

예화는 청중을 휴식하게 한다. 설법의 전체적인 흐름을 처음부터 끝까지 단조롭고 차분한 것으로 한다든지 계속 긴장을 하도록 한다든지 하는 것보다는 몇 차례의 리듬이 있도록 해야 함은 다시 언급할 필요가 없다. 리듬에는 휴지(休止)가 필요한데 이러한 휴식을 예화가 하게 한다.

사. 장엄

예화는 또한 설법을 아름답게 한다. 설법자는 설법안을 작성하고 전달하는 예술가이다. 그러므로 설법도 하나의 창작이며 연기라고 할 수 있다. 이처럼 설법에서 예화는 설법을 아름답게 꾸며 주는 역할을 한다. 설법이 무미건조한 교훈의 나열이 된다면 그것은 훌륭한 설법이 될 수 없다. 예술가가 자신의 심혈을 기울여 작품을 완성하듯이 설법자도 예술작품을 완성하는 것처럼 설법안 작성에 임해야 할 것이다.

아. 실천

마지막으로 예화는 가르침을 실천적이 되도록 한다. 설법의 최후 목적이 진리의 심오함만을 드러내는 데 있지 않음을 알고, 그 누구라도 교법의 내용을 이해하고 행할 수 있도록 평범하게 설법해야 한다. 예화는 이러한 심오한 진리를 평범한 생활 속으로 끌어내리는 역할을 한다.

교법의 내용은 사실 이해하기 어려운 것일 수 있으나, 그것이 실천으로 결실을 맺기 위해서는 예화를 구체적으로 적용할 필요가 있다. 석가모니 부처님은 심오한 진리를 현실에서 손쉽게 실천할 수 있도록 예화를 자유자재로 사용했던 예화사용의 천재였다.

(2) 예화의 종류

가. 형태상의 종류

- **단순한 말로 된 예화**

간단한 비유나 가르침으로 되어 있는 예화를 말한다. 석존은 은유적인 비유도 많이 사용했지만 직유법도 적지 않게 사용하고 있는 것으로 보인다. 『법구경』에 나와 있는 단순한 말로 된 예화를 예로 들어 보자.

멀리 있어도 높은 산의 흰 눈처럼 도를 가까이 하면 이름이 나타나고, 가까이 있어도 밤에 쏜 화살처럼 도를 멀리하면 나타나지 아니하나니.

차라리 불에 구운 돌을 먹거나 불에 녹은 구리쇠를 마실지언정, 계를 부수고 절제 없이 남의 보시를 받아쓰지 말라.

이러한 것들은 단순한 말로 된 예화라 할 만하다.

- **단일항목의 예화**

하나의 간단한 사건과 하나의 가르침이 조화된 형태의 예화이다. 예를 들면 다음과 같은 것을 들 수 있다.

① 비구들이여 어떤 나그네가 긴 여행 끝에 바닷가에 이르렀다. 그는 생각하기를 '바다 건너 저쪽은 평화로운 땅이다. 그러나 배가 없으니 어떻게 갈까? 갈대나 나무로 뗏목을 엮어 건너가야겠군' 하고 뗏목을 만들어 무사히 바다를 건너갔다. 그는 다시 생각하였다. '이 뗏목이 아니었다면 바다를 건너올 수 없었을 것이다. 이 뗏목은 내게 큰 은혜가 있으니 메고 가야겠다.'

너희는 어떻게 생각하느냐? 그가 그렇게 함으로써 그 뗏목에 대해 자기가 할 일을 다했다고 생각하느냐? 비구들은 하나같이 그렇지 않다고 답하였다. 부처님은 다시 말씀하셨다. 나는 이 뗏목의 비유로써 교법을 배워 그 뜻을 안 연후에는 버려야 할 것이지 결코 거기에 집착할 것이 아니라는 것을 말하였다. 너희들은 이 뗏목처럼 내가 말한 교법까지도 버리지 않으면 안 된다. 하물며 법 아닌 것이야 말할 것이 있겠느냐?(『남전』중부 사유경)

② 어떤 땅군이 큰 뱀을 보고 그 몸뚱이나 꼬리를 붙잡았다고 하자. 그때 뱀은 몸을 뒤틀어 붙잡은 손을 물 것이다. 그 때문에 그는 죽거나 죽을 만큼의 고통을 받을 것이다. 그것은 뱀 잡는 방법이 틀렸기 때문이다. 이와 같이 어리석은 사람은 여래의 교법을 배우면서도 가르침의 뜻을 잘 생각하지 않기 때문에 그 진리를 분명하게 알지 못한다. 그런 사람은 토론할 때 말의 권위를 세우려고 곧잘 여래의 교법을 인용하지만 그 뜻을 몰라서 난처하게 된다.

그러나 지혜로운 사람은 여래의 가르침을 들으면 그 뜻을 깊이 생각하여 진리를 바르게 깨우치므로 항상 기쁨에 싸여 있다. 이를테면 어떤 땅군은 큰 뱀을 보면 곧 막대기로 뱀의 머리를 꼭 누른다. 그때 뱀은 자기를 누르는 손이나 팔을 감는다 할지라도 그 사람은 그 때문에 물려 죽거나 죽을 만큼의 고통을 받지는 않을 것이다. 왜냐하면 그는 뱀 잡는 방법을 잘 알고 있기 때문이다.(『남전』중부 사유경)

■ 이야기 형태의 예화

하나의 이야기 형태를 갖춘 예화를 말한다. 불전에는 이야기의 형태를 갖춘 예화는 수없이 등장하며 적절하게 가르침을 꾸미는 데 역할을 다하고 있다. 이야기 형태로써 하나의 가르침을 제시하고 있는 대표적인 경전으로 『백유경』 등을 들 수 있다. 다음에 한 가지를 예로써 들어 보자.

옛날 한 바라문이 큰 잔치를 베풀려고 했다. 그는 제자에게 잔치에 쓸 질그릇을 마련해야겠으니 옹기장이를 한 사람 데려 오라고 하였다. 제자는 옹기장이 집을 찾아 나섰다. 도중에 그는 질그릇을 나귀 등에 싣고 팔러 가는 사람을 만났다. 그런데 잘못하여 나귀가 질그릇을 떨어뜨리는 바람에 그릇이 모두 깨어지고 말았다. 그 사람은 울면서 어찌할 바를 몰랐다. 이런 광경을 지켜보던 바라문의 제자는 그에게 물었다. "왜 그렇게 슬퍼하십니까?" "오랜 고생 끝에 그릇을 만들어 장에 내다 팔려고 가는 길인데 이 못된 나귀 때문에 모두 깨어졌으니 이를 어찍해야 합니까?" 제자는 그 말을 듣고 이렇게 말하였다. "이 나귀야말로 참으로 훌륭합니다. 오랜 시간이 걸려 만든 그릇을 잠깐 사이에 모두 깨뜨려 버리니 그 솜씨가 대단하지 않습니까? 내가 그 나귀를 사겠습니다." 옹기장이는 기뻐하며 나귀를 팔았다.

제자는 그 나귀를 타고 돌아왔다. 그를 본 스승은 제자에게 물었다. "옹기장이는 데려오지 않고 웬 나귀를 끌고 오느냐?" "옹기장이보다 나귀가 더 필요합니다. 옹기장이가 오랜 시간을 들여 만든 질그릇을 나귀는 잠깐 동안에 모두 깨뜨려 버립니다." 그때 스승은 이렇게 말하였다. "너는 미련하고 지혜란 조금도 없구나. 이 나귀는 깨뜨리는 일은 잘 할지 모르나 백 년을 걸려도 그릇 하나도 만들지 못한다."

세상에 은혜를 모르는 무지한 사람들도 이와 같다. 오랫동안 남의 은혜를 입고서도 그것을 갚을 줄은 모른다. 뿐만 아니라 손해만 끼치고 조금도 이익을 주지 못한다. 은혜를 배반하는 사람이 이 비유와 무엇이 다르랴.

■ 시의 형태로 된 예화

시 역시 예화로 사용될 수 있다. 진리는 시를 통하여 아름답고 영상적인 언어와 간결하고 효과 있는 문장으로 표현될 수 있다. 예화의 수단으로써 시를 사용하는 것은 설법에 표현된 진리를 조명해 주는 동시에 거기에 아름다움을 더해 줄 것이다. 때로 적절하게 인용되는 선시(禪詩)는 설법의 아름다움과 매력을 더해 줄 수 있다. 이는 때로 서론 또는 결론으로 사용될 수도 있다. 진묵이 그의 어머니 종재식 때 지었다는 시를 하나 들어 보자. 어머니를 생각하는 애절함이 가슴을 뭉클하게 하는 시이다.

> 태중에 열 달 동안 배어 주신 그 은혜를
> 어찌하여 갚사오며
> 무릎에 삼 년 동안 길러 주신 그 정을
> 잊을 수가 있사오리
> 만 년 위에 다시 만 년을 더 사시더라도
> 이 자식의 마음은 미흡할 텐데
> 백 년도 그 백 년도 못 채우시니
> 어머니 수명이 어찌 그리 짧으신가요
> 표주박 하나로 길바닥에서
> 빌어먹는 중놈이야 말할 것 없지만
> 비녀 꽂고 혼인도 못 올린
> 집안의 어린 누이는 얼마나 서러울까
> 상단(불공)이 끝나고 하단도 파하여
> 스님들은 방마다 돌아갔구나
> 앞산도 첩첩하고 뒷산도 겹겹인데
> 넋은 어디로 돌아가셨는고
> 오오, 서러워라 서러워라.

■ **대화 형태로 된 예화**

대화의 형식은 어떤 진리를 아는 데 매우 일반적인 방법이다. 그리고 불교의 예화 가운데, 특히 선문답의 경우는 거의가 대화로 구성되어 있다. 그러므로 이 대화를 소개하는 것 자체가 예화가 될 수 있다.

범일국사(梵日國師, 810~889)는 신라의 구산선문 가운데 사굴산(闍崛山)을 연 개창조로 알려져 있다. 『조당집』에 보면 그가 중국에 갔을 때 제안선사(齊安禪師)를 만나게 된 이야기를 싣고 있다.

"어디서 왔는가?"
"동국(東國)에서 왔습니다."
"수로로 왔는가 육로로 왔는가?"
"두 가지 길을 모두 밟지 않고 왔습니다."
"두 길을 밟지 않았다면 그대는 어떻게 여기에 이르렀는가?"
"해와 달에게 동과 서가 무슨 장애가 되겠습니까?"
"실로 동방의 보살이로다."

이어서 그는 약산유엄(藥山惟儼, 751~834)을 찾아갔다.

"요즘 어디서 떠났는가?"
"강서(江西)에서 떠났습니다."

"무엇하러 왔는가?"
"화상을 찾아왔습니다."
"여기는 길이 없는데 그대가 어떻게 찾아왔는가?"
"화상께서 다시 한 걸음 나아가신다면 저는 화상을 뵙지도 못할 것입니다."
"대단히 기특하구나! 대단히 기특하구나! 밖에서 들어온 맑은 바람이 사람을 얼리는구나."

나. 내용상의 종류

- **불전의 예화**

어떤 사람이 예화들은 어디에서 왔느냐고 묻는다면 설법자는 '모든 곳에서'라고 대답할 수 있다. 그러나 우선적으로 생각할 수 있는 것은 불전에서의 예화이다. 불전은 예화의 보고(寶庫)이다. 뿐만 아니라 매우 가치가 있으며 권위도 있다. 또한 조사들의 『법어록』도 많은 예화를 지니고 있으며, 조사들의 일화도 훌륭한 예화가 된다. 그러므로 우선적으로 이들 예화를 이용하면 대단히 효과적이다.

- **경험적 예화**

설법이란 교리의 내용을 설법자라는 렌즈를 통하여 해설하고 실천을 권유하는 것이므로 설법자 자신의 깨달음이나 체험 그리고 실행상의 경험은 최상의 예화가 된다. 뿐만 아니라 타인의 경험도 설법에 많은 도움을 준다. 이러한 경험은 청중 누구든지 겪을 수 있는 것이며, 따라서 많은 공감을 불러일으키게 된다.

그러나 이러한 경우에 자신을 자랑하거나 다른 사람의 인격을 평하는 것 등은 피해야 한다. 설법을 듣는 사람들은 자주 이러한 현상이 일어날 경우에 불쾌한 감성을 가지기 쉽다. 그렇게 된다면 설법은 성공적이지 못하게 된다. 그와 반대로 청중은 말하는 자의 실패담을 들으며 기뻐하고, 어리석음을 들으며 좋아하는 심리가 깔려 있다. 그렇다고 설법자가 언제나 자신의 어리석은 모습만 들추어내는 것도 좋은 것은 아니다. 중도의 지혜가 여기에도 필요함은 물론이다.

경험적 예화를 위해서는 본인의 감상을 잘 정리해 두는 습관을 들이는 것이 중요하다. 그런 뜻에서 "열심히 수행하는 자에게 설법의 소재는 결코 부족하지 않다"는 어느 법사의 말씀은 음미할 만하다.

또한 설법의 착상은 자신의 경험만이 아닌 다른 사람들의 삶과 경험 가운데 그 어느 곳에도 있다. 즉, 설법자가 눈을 크게 뜨고 귀를 활짝 여는 것만으로도 예화는 얼마든지 얻을 수 있다. 주변의 유능한 설법자들을 보면 주변에서 경험된 예화들을 잘 활용하고 있음을 알 수 있다.

■ 역사적 예화

역사적 사건이나 역사적 인물의 일화를 예화로 들 때에 설득력과 품위는 매우 커진다. 특히 어린이나 청소년을 대상으로 하는 설법에서 이러한 예화는 더욱 효과적이다. 사람들은 과거의 역사적 인물들에 흥미를 느끼는 경향이 있다. 그러한 인물들은 적어도 청중들에게 어느 정도 친숙해 있어서 그들의 이야기는 예증된 진리에 귀를 기울이게 하는 데에 도움을 준다.

그런데 역사적 사건을 예화로 들 때 주의해야 할 점은 잘 알려진 역사적 사실일수록 그 사실성을 잘 확인하고, 확실성에 자신이 없는 예화는 사용하지 않는 것이 좋다는 것이다. 자칫 청중에게 잘 알려져 있는 예화를 들 때 사실성에서 오류가 발생하면 설법 전체의 이미지에 손상을 가져올 우려가 있음을 상기해야 한다.

■ 과학적 예화

과학적 예화는 교리를 논증할 때에 큰 힘을 발휘한다. 요즈음은 불교 혹은 동양사상과 과학을 연결시킨 자료들이 많이 출현하고 있으므로 이들을 예화로 사용하면 매우 효과적이다. 그런데 여기에서 조심해야 할 함정이 있다. 그것은 과학적 자료를 사용하는 데에 있어서 설법자 본인이 정확히 알고 있는 것만을 사용해야 한다는 것이다. 만약 그가 몇 년 전에 공부한 과학적 지식을 이야기했다면 그것은 문제가 발생할 소지가 충분하다. 과학적 지식은 빠른 속도로 발전하기 때문이다.

흔히 설법에서 뒤떨어진 과학정보를, 그것도 확실치 않은 것을 사용하는 경우가 있다. 기억 속의 과학적 지식을 예화로 삼을 경우는 반드시 확인하는 절차를 거쳐 사용하도록 한다. 만일 과학적 지식에서 실수를 저지르게 되면 전반적인 설법이 쉽게 효력을 잃게 된다.

■ **우화적 예화**

우화는 삶의 의미를 풍자적으로 지적해 주는 유용한 예화이다. 우화의 장점은 그 우화 자체가 사실이냐 거짓이냐 하는 판단을 받지 않는다는 것이다. 다만 교훈적일 수 있기 때문에 어떤 다른 입장의 대립이란 있을 수 없다. 이와 연관지어 불교의 교리에 바탕한 우화들이 계발, 정리될 필요가 있다.

■ **창작된 예화**

예화는 설법자에 의하여 창작될 수도 있다. 만약 설법자가 자신이 원하는 것을 잘 표현하고 있는 예화를 찾지 못하면 그는 상상력을 동원하여 만들어 낼 수 있다. 설법자 자신이 창작한 예화는 바로 자신의 사고의 일부이기 때문에 효과적일 수 있다.

특히 어린이 설법에 있어서 예화를 창작하는 방법은 매우 유용하다. 그러나 일반법회의 경우, 이러한 예화는 경우에 따라 그것이 상상력에 의하여 만들어진 것이라는 것을 미리 얘기해 주면서 도입하는 것도 적절할 것으로 보인다. 예를 들어 '가령' '……이라고 가정해 봅시다' 라는 말로 시작할 수도 있다. 아무튼 창작된 예화들은 발생가능한 신빙성이 있어야 한다.

서울 장안에 마천루 같은 빌딩이 몇 채, 근교에 골프장이 두 개, 또 땅이 전국에 수십만 평이나 된다는 한 부자가 갑자기 죽었습니다. 암이었답니다. 그가 돈이 없었겠습니까? 일본으로 미국으로 약이란 약, 명의란 명의를 샅샅이 찾아보았으나 다 소용이 없고 곰 쓸개를 덤으로 먹어도 헛것으로, 결국 갓 쉰이란 한창 나이로 눈을 감을 수밖에 없었습니다.
평소에 천 원 한 장도 남을 위하여 베푸는 일이 없던 분이 임종에 임하여 회사간부들을 쭉 불러들였습니다. 그러고는 수 억 원의 현금을 내놓으며 이 돈은 그 동안 올려 주지 못한 월급에 보태는 것이니 천 명의 사원이 고루 나눠 갖도록 하면 내 마음이 편하겠노라고 하는 마지막 말을 남겼습니다.

병자의 머리맡에 빙 둘러앉았던 수십 명 간부들은 너무 의외여서 아무도 입을 여는 사람은 없고 어리벙벙한 긴장이 감돌 뿐이었습니다. 봉급을 올려 달라는 사원이나 처우개선을 요구하는 사원이라면 어떻게 하든지 일일이 목을 자르며 불철주야 돈, 돈, 돈 쌓기에 일평생을 천리마처럼 뛰던 사장님도 죽음 앞에서는 별 수 없었더랍니다.
　그래서 예리한 칼로 자신의 살점을 떼어 내는 것 같은 그 많은 돈을, 부리던 사원들 앞에 몸이라도 던지듯 내놓은 것입니다.
　염라대왕이 참으로 무섭긴 무서운 건가 봐요.

그 밖에 문학작품, 즉 전기나 소설, 시, 수필이나 드라마, 신화, 전설 등도 폭넓게 활용할 수 있다.

4. 예화 삽입의 기법

(1) 예화의 수집

어떤 예화가 드러내고자 하는 주제에 조금이라도 적합하지 않다고 판단되면 그 예화를 보류하고 적합한 것이 나올 때까지 찾아야 한다. 좋은 예화 하나를 채택함으로써 설법 전체가 살아나는 경험과 때로는 좋은 예화 하나를 찾는 데에 며칠씩 걸리기도 하는 경험은 설법자라면 누구나 쉽게 겪는 일이다.

여기에서 설법자료집 또는 예화집에 나오는 예화의 사용은 어떻게 할 것인가 하는 문제가 나온다. 경험 있는 설법자들은 결코 안 된다고 할지도 모른다. 그것은 예화집에 나오는 예화는 이미 기성품으로서 신선미를 잃은 것이고, 자신의 경험에서 나온 것이 아니므로 부자연스럽게 될 수도 있으며, 그 자료의 신빙성도 문제가 될 수 있다는 이유들 때문이다.

　능숙한 설법자는 예외일지 모르지만 예화집에만 의존하는 태도는 자신의 상상력이나 관찰력 그리고 관계를 보는 능력을 질식시키고 창조적인 사고를 방해한다. 이러한 것들이 습관적으로 사용될 때, 설법자들은 자칫 게을러지고 부주의한 준비를 하게 된다. 이를 설교학에서는 통조림 상품이라 부른다. 그러나 정선된 자료집인 경우는 독서의 시간을 줄일 수 있으며 일반예화집에서도 때로는 괜찮은 예화를 건질 수 있다. 요는 설법예화집을 사용할 때는 그 경직성을 최대한 조심하라는 것이다.

　오히려 예화집보다는 불경에 나오는 예화를 인용하는 것이 바람직할 것으로 보인다. 불경에서의 예화는 아무리 사용하여도 그 진실성에 있어서나 활용가치의 면에서나 그 가치가 적어지는 일은 결코 없기 때문이다.

(2) 선별과 압축

　예화는 건물의 창문과 같다는 스펄젼의 말과 같이 창문은 건물에 있어서 꼭 필요한 것이기는 하나 창문이 너무 많으면 오히려 방의 분위기를 불안하고 산만하게 한다. 그러므로 예화는 꼭 필요한 때에만 사용하여야 한다. 각 대지(大旨)에 하나의 예화라는 비율이 대체적으로 무난한 것으로 판단된다. 즉, 한 설법에 세 가지의 요점을 들어 대지를 삼는다고 하면 두세 가지 정도의 예화가 적당하다는 셈이 된다.

그 밖에 서론의 도입부에서 하나 정도의 예화를 사용해도 좋을 것이다. 그러나 정해진 원칙은 없다. 산만하지 않은 범위 안에서 사용하도록 하는 것이 좋다. 또한 분명한 사실에 예화를 드는 우를 범해서도 안 될 것이다.

설법에 있어서 예화는 보조적인 수단이라는 사실을 잊어서는 안 된다. 그러므로 예화가 지나치게 생각을 해야 할 정도로 복잡하거나 너무 길어 말하고자 하는 내용보다 예화의 분량이나 비중이 커지는 경우는 삼가는 것이 좋다. 또한 예화는 흥미롭고 교훈적인 데 비하여, 정작 그것이 수식해야 할 알맹이가 시원치 못하다면 보조역할이라는 예화 본연의 임무를 벗어나게 된다.

또한 예화는 그 예화 자체를 위하여 사용된다든지, 설법의 주제로부터 멀어지는 일에 사용한다든지 해서는 안 된다. 예화는 어디까지나 설법에서 말하고자 하는 내용을 드러내고 설명하며 인상적으로 인식시키기 위한 도구임을 잊어서는 안 된다. 설법자에 따라서는 처음부터 예화로 시작하여 예화로 끝나는 경우가 종종 있는데 이는 그다지 바람직한 설법태도가 아니다.

예화사용과 관련한 또 하나의 격언은 '과욕은 금물'이다. 그 설법에 맞는 예화나 자료를 많이 준비해 둔 것이 있다고 해서 넘치는 양의 예화나 자료를 삽입하는 것은 도리어 그 설법내용을 혼란하게 만들고 만다는 사실을 유념해야 한다.

(3) 흥미와 풍자

예화를 단순히 흥미위주로 선택할 때 전체적 설법의 질에 영향을 줄 수가 있다. 재차 강조하거니와 예화는 그 자체가 목적이 아니라 주제를 잘 드러내기 위한 것이라는 사실을 염두에 두어야 한다.

그와 반대로 전혀 흥미가 이끌리지 않는 예화도 또한 금하는 것이 좋다. 예를 들면 "석존의 생애에서 그 실례를 찾을 수 있습니다"라고 한다든지, "이 사실은 ○○에서도, ○○에서도, ○○에서도 찾아볼 수 있습니다" 하는 등의 나열은 흥미를 끄는 예화가 아니고 독서한 것을 나열하는 것에 불과하다. 그러한 경우에는 사람들이 구체적으로 예화가 말하는 사실에 대해 이해하도록 인물이나 책자에 대하여 말하든지 아니면 생략해 버려야 한다.

또한 어떤 사람의 인격이 개입되는 풍자는 주의해야 한다. 설법자 자신은 유머나 농담으로 한 말일지라도 전달되는 과정이나 받아들이는 사람에 따라서 오해가 생길 수가 있다. 설법에서 어쩌다 사용되는 유머나 우스운 이야기는 설법의 분위기를 부드럽게 하는 효과가 있지만 철저한 주의와 적절한 고려를 통해서 이루어져야 한다.

유머의 경우도 설법자가 말하고자 하는 목표와 무관하다면, 즉 단지 웃기기 위한 것이 목표라면 그것은 설법의 목표에 자칫 방해가 될 수 있다. 특히 그 유머에 자학적이고 보복적인 요소가 있는 것이라면 금하는 것이 옳다.

(4) 예화의 반복

새롭고 신선한 설법이 청중들에게 호소력이 있음은 물론이며 설법자는 늘 새로운 예화를 찾고 새로운 의미를 창조하여 전달하려 노력하는 것이 훌륭하며 바람직한 태도일 것이다. 그러나 설법자에 따라서 선호하는 내용이나 예화가 있게 마련이며, 경우에 따라 이들을 반복하여 사용하는 수가 있게 된다. 이러한 경우에 설법자는 반복하는 내용에 대하여 양심의 가책을 느끼게 되며 청중이 싫증내지 않을까 두려워하게 된다.

그러나 설법자의 태만으로 인한 반복이 아닌 경우에는 그러한 두려움을 가질 필요가 없다. 설법의 목적이 신도들에게 감명을 주고 확신을 심어 주어 현실생활에 활용하는 데에 있다고 한다면 의도적인 반복은 때로 효과적일 수도 있기 때문이다.

설법자의 신념과 실행에 따라 여러 번 들었던 내용이라 하더라도 새롭게 들리며 감명을 더하도록 할 수 있다. 이렇게 하여 설법자가 즐겨 강조하는 내용은 신도들의 생활 가운데 지침으로 강하게 자리잡게 된다.

사람들은 한 번 말해서는 기억하지 못한다. 그러므로 어느 면에서는 반복하는 것이 필요하기도 한 것이다. 그러나 같은 예화, 같은 내용을 그대로 반복하는 것이 아니라 열과 성의를 다해 자신의 체험에서 나온 신념과 확신을 덧붙여 반복하는 것이 중요한 것이라 하겠다.

(5) 예화의 다양성

가끔 텔레비전을 통하여 드라마를 보는 경우가 있다. 그런데 그 드라마가 각양각색의 사람들의 시선과 관심을 끄는 이유는 무엇인가? 그것은 하나의 드라마 가운데 시청자 각자가 보고자 하는 작은 드라마가 가끔씩 나타나서 여러 가지 삶의 양태를 복합적으로 드러내기 때문이다. 즉, 하나의 드라마를 볼 때, 싫어하는 장면도 있지만, 자신이 흥미를 느끼는 장면이 다시 나오기를 기대하는 심리가 있게 된다. 그러므로 작은 드라마 몇 개를 잘 엮어서 하나의 큰 드라마로 편집하게 되면 모든 계층의 시청자를 묶어 둘 수 있다는 결론이 나온다.

설법을 듣는 청중 가운데에는 스포츠를 좋아하는 사람이 있는가 하면 스포츠는 몹시 싫어하는 대신 음악을 즐기는 사람도 있을 것이다. 그러므로 설법자는 일부분의 사람들이 좋아하는 내용을 제공하였다고 하면 다른 일부분의 사람들을 위한 내용도 제공하여야 한다. 그러므로 예화사용은 다양해야 한다. 그러나 그 다양함이 지나쳐 설법의 일관성을 잃게 한다면 도리어 해를 줄 수도 있으므로 적절함이 중요하다.

청중의 다양한 입맛에 맞는 다양한 소재를 제공하여 청중의 관심을 이끄는 경우도 있고, 그렇지 않은 경우 모든 사람들이 관심을 가지는 한 가지의 소재를 사용하여 그들의 관심을 집중시키는 방법도 있다.

사람들의 관심을 끄는 소재로는 어려운 것보다는 신변잡

기에 관한 것, 인간관계에 관한 것, 그리고 무엇보다 중요한 소재는 시사성을 띠고 있는 사건 등을 들 수 있다. 즉, 설법을 듣는 청중들이 경험하고 느끼고 대화하며 관심을 가지고 있는 사건을 설법의 소재로 활용할 줄 알아야 한다는 말이다.

그러므로 설법자는 '시사사건이 그에 대한 교훈과 함께 나오는가'를 한 번쯤은 돌이켜보아야 한다.

5. 설법 평가의 기법

(1) 설법과 피드백

설법자는 대중의 반응을 점검함으로써 다음 설법을 준비해야 한다. 설법은 '완성된 산물이 아니라 불법을 매개로 한 설법자와 청중 사이의 인간 관계라는 다차원적이고 복합적이며 장기적인 하나의 과정'이다. 설법은 끊임없이 청중을 의식하고 청중의 반응을 점검하여 다음 설법의 참고자료로 사용하지 않으면 안 된다는 말이다.

설법을 준비한다는 것은 또한 어떤 방식으로든 청중에게 설법을 들을 준비를 시키는 일도 포함한다. 청중들과의 개인적인 관계, 모임의 목적, 설법자의 성실성과 능력에 대한 신도들의 만족도 등 모든 요소가 청중들의 설법내용의 수용과 반응에 영향을 준다. 따라서 설법자는 언제나 불법과 설법자 자신 그리고 청중의 세 가지 문화를 조화시켜야 한다.

설법자의 사명감에 바탕한 설법욕구가 새로운 상황과 결합하여 청중의 삶 속에 불법을 통하여 열매 맺는 것이 설법의 결론이라고 한다면, 이 결론은 그것을 수용한 청중의 반응과 새로운 상황이 합하여 새로운 설법을 낳게 하는 공감대를 설정하게 되는 것이다. 이를 피드백(feedback)이라 한다.
　피드백의 결여는 사람들로 하여금 설법을 변화 없는 판에 박힌 것이라고 생각하게 하며, 설법자들의 설법을 더욱 진부하게 한다. 가장 손쉬운 피드백의 방법은 우선 설법자 자신이 설법을 듣는 청중들의 얼굴표정이나 몸동작이나 움직임 등을 통해서 자기의 설법이 주는 영향의 깊이를 짐작하는 것이다.
　그 밖에 청중을 개인별로 접촉하여 설법내용의 기억 정도, 이해수준, 흥미 여부 등을 점검하는 방법을 들 수 있다. 이 방법은 본인이 직접 확인할 수 있다는 장점이 있으나 상대의 솔직한 반응을 듣기 어렵다는 단점도 있다.
　또 설법 후 설법의 내용이나 이해 정도 등을 설문조사를 통하여 확인할 수 있는 방법이 있다. 그 밖에 법회 후 그룹을 선정하여 선법의 내용을 토론하게 하는 것도 좋은 방법이 된다.
　청중에게서 오는 반응에 대한 점검 없이 설법하는 습관은 무책임하게 설법하는 것이며, 이는 청중과 설법자와의 관계를 위험하게 만들 수 있는 것임을 명심해야 한다. 오늘날 교육학이나 심리학 등에서 이 피드백 작업을 무척 중요하게 취급하고 여러 기법들을 발전시키고 있으므로 이러한 기법들을 설법학에서 충분히 수용하고 응용할 필요가 있다.

정기 또는 부정기적으로 자신의 설법에 대한 신도의 반응을 점검할 수 있는 설문시안을 제시해 본다.

(2) 청중의 반응을 점검하는 질문지

설법 후 어떤 형태로든지 자신의 설법에 대한 청중의 반응을 점검하는 것이 대단히 중요하다는 점에는 공감한다고 해도 이에 대한 구체적인 방법이 손에 잡히지 않아서 망설이는 경우가 있다. 이러한 경우를 위하여 다음과 같은 설문을 준비해 보았다. 여기에 개인과 주위의 사정에 따라 적당히 가감을 하거나 개변하여 사용해도 좋을 것이다.

---

1. 설법에 대한 이해도
①어렵다 ②보통이다 ③쉽다 ④모르겠다

2. 설법에 대한 만족도
①만족한다 ②보통이다 ③불만이다 ④모르겠다

3. 설법의 길이

①길다 ②적당하다 ③짧다 ④모르겠다

4. 음성

①잘 어울린다 ②갑갑하다 ③좀 크다 ④너무 크다

5. 제스처

①적당하다 ②너무 많다 ③너무 단조롭다 ④모르겠다

6. 말의 속도

①적당하다 ②너무 빠르다 ③너무 늦다 ④모르겠다

7. 나의 생활에 미치는 설법의 영향

①밀접하다 ②무관하다 ③가끔 있다 ④못 느낀다

8. 설법내용에 대한 바람

①신앙성의 강화 ②수행의 길 강조 ③현실생활의 지혜 ④기 타

6. 설법의 길이

설법의 길이는 때에 따라 다르며 따로 정해져 있지 않다. 그러나 정해져 있지 않다고 하여 한 시간 이상씩 설법해도 좋다고 하는 권리가 어느 설법자에게나 주어져 있는 것은 아니다. 어떤 설법자는 한 시간이 넘게 설법하면서 "짧은 설법은 작은 법사에 의하여 행해지는 것이며 그런 설법자는 난쟁이 신도를 만들어 낸다"고 하는 사람도 있기는 하나 오늘날 대체로 긴 설법은 그다지 환영을 받지 못하는 것으로 보인다.

'전자시대의 충격'에 관심을 가지고 있는 어떤 설법가는 이렇게 말했다. "무릇 설법하는 사람은 어제의 사람이 아니라 오늘의 사람인 신도들에게 말씀을 전하지 않으면 안 된다. 사람들의 수명은 더욱 길어졌지만 귀를 기울여 이야기를 듣는 시간은 더욱 짧아진 것이다. 그러므로 우리는 더 짧은 문장으로 더 짧은 설법을 하지 않으면 안 될 것이다."

필자의 경험으로 볼 때 설법의 길이는 30분 정도를 넘지 않는 것이 적당하다. 그러나 학자들 사이에서는 최근 20분 정도의 설법이 이상적이라는 이론도 나오고 있다. 심지어 타종교의 어떤 설교학자는 18분 설교를 주장하기도 한다. 혹은 "설법시간은 얼마가 되어도 좋다. 다만 청중이 20분 정도였다고 느끼게 하라"는 재미있는 말도 있다.

필자의 생각이나 경험에서 보아도 20분에서 25분 정도면 하고 싶은 이야기는 대체로 할 수 있다고 본다. 이는 보통 빠르기로 계산할 때 200자 원고지로 30-40매 정도의 분량인데, 필요에 따라서 30분 정도까지는 신축적으로 늘릴 수 있지 않을까 하는 생각이다. 특히 법요식 등을 겸할 경우는 20분을 넘어서는 안 될 것으로 생각된다.

제4장 설법의 전달기법

1. 설법의 전달과 전달기법
2. 설법의 전달 유형
3. 설법연술(演述)의 자세
4. 설법자의 제스처
5. 설법연술과 음성
6. 설법연술의 주의점
7. 청중에 대한 파악

1. 설법의 전달과 전달기법

　설법은 전달되기 위해 작성되는 것이고 따라서 전달될 때만이 존재한다. 즉, 모든 설법의 준비는 법회라는 현장에서 전달되는 것을 최종목적으로 한다. 그러므로 설법을 작성하는 것도 중요하지만 그것을 어떻게 효과적으로 전달하느냐 하는 것이 결정적인 문제이다. 위대한 설법자는 보잘것없는 주제를 가지고도 훌륭한 설법을 할 수 있지만, 평범한 설법자는 좋은 설법내용을 가지고서도 전달과정에서 효과를 거두지 못하는 수가 많다. 그러므로 좋은 설법안을 작성하는 것도 물론 중요하지만 그것을 효과적으로 전달하는 것도 중요한 일이다.

　예를 들어 사람들이 밀집한 곳에서 놀란 표정과 함께 "불이야" 하고 소리쳐 보라. 사람들은 정말 불이 난 것으로 믿고 행동할 것이다. 이처럼 말이란 실제사건과 똑같은 효과를 산출하는 힘을 가지고 있다. 그러나 어떤 사람이 아주 활기 없는 태도로 불쑥 말하기를 "제가 여러분에게 한 말씀 알리겠습니다. 지금 이곳에 불이 붙어 타고 있습니다"라고 한다면 그 누가 믿겠는가. 또한 "불이야" 하고 외치고 나서 킬킬대고 웃는다면 그 역시 믿지 않을 것이다. 이처럼 문자로 기록된 설법안도 중요하지만 그것을 전달하는 태도나 기법도 중요하다.

변론을 잘하지 못하는 변호사는 비난받게 되며 그의 일거리는 줄어들 것이다. 청중은 빈약한 설법자를 비난하지는 않는다. 그 대신에 포교원에서 떠나 버린다. 설법에는 그 설법안의 내용뿐만이 아니라 그 설법을 들으러 온 청중들의 태도와 설법자와의 평소의 친밀감, 그때의 분위기 그리고 마이크 상태에 이르기까지 설법의 전달에 영향을 줄 요소는 많이 있다. 그러므로 설법의 내용만이 아닌 설법의 전달기법에 대해서도 연구할 필요가 있다.

그러나 일정하게 정해진 전달기법은 존재하지 않는다. 설사 존재한다 하더라도 그 우수한 전달기법을 모든 설법자가 똑같이 익히는 것은 전혀 바람직하지 않다. 왜냐하면 두 사람 이상이 똑같이 생각하거나 행동할 수는 없기 때문이다. 어떤 사람의 태도를 다른 사람과 똑같도록 고치려는 것은 불가능한 일일 뿐 아니라 무의미한 일이다.

그러나 자신의 개성을 유지하면서도 잘못하는 것은 고치

고 서투른 태도를 없애고 어조를 조절하는 것은 가능한 일이며 매우 유익한 일이다. 설법자가 그의 태도를 조금만 수정하고 노력함으로써 매우 훌륭한 설법자로 변신하는 것은 쉽게 볼 수 있다.

일반적으로 설법전달의 기법상에 주의해야 할 사항에는 자세와 제스처 그리고 음성에 관한 것을 생각할 수 있는데, 여기에서는 설법의 전달유형까지를 포함하여 다루어 보고자 한다.

2. 설법의 전달 유형

(1) 즉석설법

즉석 또는 즉흥의 설법은 사전 연구 없이 만들어지는 설법을 말하는데, 설법의 주제에 대한 생각은 미리 준비하지만 언어와 그 부수적인 조치는 순간의 영감에 맡겨 버리는 것이다. 즉석설법에는 두 가지 유형이 있다.

첫째는 어쩔 수 없는 상황으로 준비 없이 즉석에서 하는 설법을 말한다. 원고에 의존하지 않고 닥친 상황의 영감과 착상에 의지하여 하는 즉석설법은 그 때와 분위기에 매우 적절한 설법을 할 수 있다는 장점이 있다. 실제로 능숙한 포교자의 경우 이러한 즉석설법을 통하여 커다란 효과를 거두는 일도 많다.

이러한 경우는 그 때와 상황에 맞는 사실이나 예화를 가지고, 한두 가지의 요지를 전달하는 것이 효과적이다. 대개 즉석설법을 요청받는 경우 충분한 설법시간과 준비된 청중을 확보하기 어렵다. 그러므로 여러 가지 요지를 전달하는 것보다는 한두 가지의 핵심을 인상 깊게 전달하는 것이 바람직하다. 자칫 지루한 인상을 주게 되면 즉석설법의 의의는 감소한다.

넷째는 돌발상황에 의해 설법하게 되는 경우가 아닌, 준비할 시간이 있음에도 불구하고 사정이나 게으름에 의하여 준비 없이 설법의 단상에 오르는 경우이다.

이러한 경우 설법자에게 원칙적으로 있어서는 안 되는 것이기는 하나, 일선포교에 임하게 되면 가끔 이러한 경우에 부닥치게 된다. 뿐만 아니라 말재능이 있는 설법자일수록 이 즉석설법의 유혹을 많이 받게 된다. 그러나 한두 번의 성공적인 설법이 이루어질 수는 있으나 대부분의 경우 즉흥적인 충동 때문에 정작 강조해야 하는 요지에서 벗어난다든지 예화나 논지가 중복될 위험이 도사리고 있다.

항간에는 즉석설법을 설법자 본연의 모습을 그대로 보여 주는 것이라 하여 중시하는 사람이 있기도 하나, 한두 번 즉석설법에 성공한다고 하여 그에 전적으로 의지하려는 태도는 설법준비의 태만을 스스로 합리화하는 데에 지나지 않는 것이므로, 그다지 바람직한 태도라고 볼 수 없다.

피나는 준비를 수없이 쌓은 후에 마침내 자신의 깨침과

체험이 한 데 아우러져, 언제 어디서 즉석설법을 하더라도 언제나 신선한 감명을 줄 수 있게끔 되는 것이 설법자의 이상이 아닌가 한다.

(2) 원고설법

원고를 준비한 설법의 최대의 장점은 충분히 준비하는 동안 내용을 검토하고 여유 있게 전달할 수 있으며 잊어버리거나 산만해질 염려가 없다는 점이다. 또한 지나치게 장황하거나 시간을 끄는 위험을 줄일 수 있다.

그러나 원고설법 또한 몇 가지 어려움이 있다.

첫째, 원고에 얽매여 청중과의 교감에 심각한 장애를 가져온다는 점이다. 눈은 설법 메커니즘의 중요한 부분이다. 계속적인 눈의 접촉은 청중의 주의력을 유지시킬 뿐만 아니라 설법자가 지닌 마음과 정서의 자극을 줄 수 있는 기회이기도 하다. 일부의 전문가들은 완전한 인격 대 인격의 연설이 화자와 청중간에 정면으로 바라보지 않고서도 가능한지를 의심한다.

그러므로 원고를 가지고 설법을 할 때에는 이러한 면을 충분히 고려하여 원고를 보고 설법하면서도 되도록 청중들과 시선을 맞추는 훈련을 개인적으로 해 나가지 않으면 안 되리라 본다.

윈스턴 처칠은 공중연설에 대하여 다음과 같이 충고하고 있다. "만일 당신이 연설을 읽기 원한다면, 이를 공개적으로 하면서 아주 천천히 그리고 신중하게 읽고 메모용지를 숨기려고 애쓰지 말라. 물론 암기할 시간이 있으면 훨씬 좋다."

청중을 보지 않고 원고를 읽는 것은 일반연설과는 달리 설법에 있어서 치명적인 것은 사실이다. 그것에 대한 대안은 원고를 없애는 것이 아니라 다만 그 원고에 얽매이지 않는 것이다.

여기에서 말하는 '원고설법'은, 반드시 설법자가 원고를 보며 단어 하나하나를 읽는다는 것을 의미하지 않는다. 많은 원고 설법자들은 자신의 원고에 익숙해 있기 때문에 단어 하나하나를 전부 확인하면서 읽을 필요는 없다.

설법을 암기한다고 할 때에도 설법안의 단어 하나하나를 포함한 문장을 송두리째 외우는 것을 의미하지는 않는다. 문장의 암기보다는 줄거리를 암기하는 것이 중요하다. 그러면서 어떤 부분은 즉흥적으로 덧붙이거나 바꾸어 가면서 할 수 있게 된다. 눈을 통한 청중과의 접촉을 하면서 원고를 한 장씩 한 장씩 넘기게 되는 훌륭한 경지에 이르려면, 많은 시간 원고를 충분히 숙지시켜 그 원고에 얽매이지 않는 훈련을 힘써 할 필요가 있는 것이다.

그러나 원고를 숙지하지 않은 상태에서 부득이 원고를 보아 가며 하는 설법이라 할지라도 서론과 결론 그리고 특히 강조해야 할 부분은 꼭 외워서 청중과 눈을 맞추며 호흡을 같이하면서 할 수 있어야 한다. 그리고 빨리 읽어 내릴 부분과 천천히 또박또박 강조해야 할 부분 그리고 음성을 높여 강조해야 할 부분과 낮고 잔잔하게 말해야 할 부분을 자기 나름대로 기호로써 표시해 두는 것이 좋다.

둘째, 말 설법이 아닌 글 설법이 되기 쉽다는 위험을 지적할 수 있다. 원고를 작성하는 과정에서 어체나 문장이 말이 아니고 글이 될 위험성이 크다. 궁극적으로 설법원고는 말로써 전달하기 위하여 작성되는 것이다. 그러므로 설법원고는 글로써의 원고보다 짧고 박력이 있으며 생생한 그림언어가 구사되어야 한다.

그러한 것을 보완하기 위하여 앞에서 제시한 바 있는 설법의 작성순서를 통하여 철저하게 준비한 후에, 그것을 글로 쓰는 것이 아니라 말로 구술한 것을 녹음을 하여 이를 다시 글로 풀어서 다듬고 정리하는 방식을 생각할 수 있다.

다른 방법으로는 작성된 원고를 실제 설법하는 기분으로 해보면서, 느끼게 되는 어색한 표현이나 문어체를 고칠 수 있다.

원고에 얽매이지 않을 정도가 되기만 하면 원고설법은 괜찮은 방법이라 할 수 있겠다. 그것은 설법을 충분히 준비할 수가 있고 여러 차례 점검, 수정하는 과정에서 얼마든지 세련될 수 있기 때문이다.

(3) 암송설법

이 방법은 먼저 설법이 완전히 작성, 기록되어야 하고 그 후에 원래의 것과 똑같이 전달되는 것을 말한다. 이는 원래 계획한 설법을 원고에 얽매이지 않고 전달할 수 있다는 이점이 있다. 그러나 그 내용을 기억하기 위해서는 비상한 기억력이 있든지, 아니면 암기를 위한 상당한 시간과 노력을 요하게 된다.

또한 암기하는 것은 외우는 것에 집착하여 설법자의 설법이 매우 부자연스럽고 호소력을 잃는 경우가 있을 수 있다. 이러한 태도는 흔히 초심 포교사들에게서 볼 수 있는데, 눈에 초점이 없이 설법을 하게 된다. 이는 설법을 하는 것이라기보다는 설법내용의 회상을 위해서 노력하고 있다고 표현하는 편이 나을 것이다. 만약 설법자가 늘 이런 식으로 설법한다면 청중들은 그가 암기한 것을 잊을까 하는 두려움으로 눈을 피한다는 사실을 곧 알게 된다.

이처럼 메시지를 전달하는 것이 아니라 다음 단어나 문장을 회상하는 데에 주된 관심이 있는 설법자는 매우 부자연스럽게 된다. 몸은 설법단상에 있는데 마음은 자신의 책상 위에 있을 원고에 묶여 버리기 때문이다. 그리고 정서적으로도 무대 공포증과 같은 곤경에 처하는 경우가 있게 된다.

설법자가 자신의 메시지를 효과 있게 전달하기 위해서는 거침없이 자신을 청중 속에 내던짐으로써, 단순히 청중 앞에서 말하는 대신 청중 속으로 파고드는 말을 해야 한다. 매주 해야 하는 설법을 암송할 수만 있다면 그리고 그 암송하는 자체에 얽매이지 않을 수만 있다면 암송설법은 가장 이상적인 설법방법이 될 것이다.

(4) 요지설법

설법의 요점만을 정리한 메모를 들고 설법단상에 오르는 방법이다. 불교 설법자들 중 상당부분이 이 요지설법을 하고 있는 것으로 보인다. 요지설법은 설법준비에 태만할 수 있다는 점과 장황한 표현이 될 수 있다는 점 등을 제외하면 자유롭게 그날의 분위기에 맞추어 설법할 수 있고 원고에 얽매이지 않아서 청중들과 호흡할 수 있다는 점 등의 장점을 꼽을 수 있다.

만약 설법자가 충분히 설법원고를 작성, 수정하고 정작 설법단상에 오를 때는 그 요지만 들고 나가서 설법할 수만 있다면 가장 이상적인 설법형태라 할 수 있겠다. 설법은 충분히 준비되어야 하고 그러한 면에서 원고를 반드시 작성하는 습관을 들이는 것은 매우 중요한 것이라 본다. 그리고 작성된 원고를 그대로 들고 나가는 것보다는 요지만을 메모하여 단상에 오르는 것이 설법의 분위기를 설법자가 주체적으로 이끌 수 있고 청중과 함께 호흡할 수 있어서 추천할 만한 방법이라고 본다.

한 설법자는 자신의 설법준비에 대하여 이렇게 말하고 있다. 그는 월요일부터 시작해서 명상과 독서를 통해 목요일 저녁에 다음 일요일에 실시할 설법원고를 완성한다는 것이다. 그런데 그는 목요일 저녁, 진통을 거쳐 가며 완성한 그 설법원고를 서류함에 집어넣어 버린다는 것이다. 그리고 금요일 아침부터 자기가 준비한 설법내용을 다시금 소화하고 말 설법으로 익혀서 한 장의 종이 위에 요지를 적어 다시 정리한다는 것이다. 설법의 골자를 잘 부각시키고 자기가 전달하고자 하는 내용을 분명히 말로써 스케치해 둔다는 것이다. 이는 요지설법을 철저히 준비하는 대표적 사례로 생각된다.

　원고 없는 설법의 일반적인 단점은 설법에서 전하고자 했던 핵심을 잊어버리고 자기도취에 빠져 버리거나 핵심에서 빗나가는 경우가 생기는 것이다. 이런 경험이 있을수록 설법자는 스스로 조심해야 한다. 원고 없는 설법의 또 하나의 단점은 설법자로서 게을러지기 쉽다는 점이다. 설법자도 인간인 이상 바쁘고 핑계가 있을 적마다 준비 없는 설법으로써 적당히 지나치려는 유혹을 받게 되고, 한두 번의 불가피한 실수가 버릇으로 고착될 수 있다. 이보다는 차라리 설법원고를 써 놓아야 다른 일을 할 수 있는 설법자, 설법요지라도 써 놓아야 마음을 놓고 다른 일을 볼 수 있는 설법자가 더 바람직하다.

3. 설법연술(演述)의 자세

『십주비바사론』에는 설법자가 설법단상에 올라 취해야 할 몇 가지 몸가짐이 제시되어 있다.

설법자의 사자좌에 처함에 다시 네 가지가 있으니 무엇을 넷이라 하는가. 첫째는 높은 좌에 오르기를 바라면 우선 마땅히 대중을 공경 예배하고, 그런 연후에 자리에 오를 것이요, 둘째는 청중에 여인이 있으면 마땅히 부정(不淨)을 관하여야 할 것이요, 셋째는 위의(威儀)를 갖추고 시선을 당당히 하여 대인의 상을 갖추고 법음을 부연할 때에 안색을 화열히 하여 사람이 모두 믿고 받아들이게 하며 외도의 경서를 설하지 아니하며 마음에 겁내고 두려움이 없게 하며, 넷째는 나쁜 말 어려운 질문에 인욕을 행할 것이다.

이 내용은 오늘날의 설법자에게도 무리 없이 적용될 수 있는 것이라 생각된다.

이하 설법의 자세에 대하여 상세하게 알아보도록 하자.

(1) 용모

설법자는 용모에 대하여 세심한 주의를 기울여야 한다. 설법이라고 하는 것은 설법자에게 청중의 주의를 고도로 기울이게 하는 작업이므로 청중은 설법자의 세밀한 부분까지 신경을 쓰게 된다.

청중의 설법자에 대한 첫인상은 우선 외모에 크게 영향을 받게 된다. 설법의 내용도 중요하나 설법자의 인상을 좋게 가지도록 하는 것은 설법이 효과를 거두게 하는 데에 매우 중요한 역할을 한다.

설법자는 먼저 평범하고 품위 있는 복장을 하도록 해야 한다. 법복 등 정해져 있는 복장이 있으면 그것을 착용하도록 하되, 같은 복장이라도 잘못하여 한편이 비뚤어졌다든지 가사의 균형이 맞지 않는다든지 하면 청중의 한 가닥 신경이 그곳에 머물러 있게 된다.

법사의 경우 넥타이가 비뚤어졌다든지 머리가 단정치 못하다든지 유행에 너무 민감하거나 뒤떨어져 있는 복장을 하는 것도 좋은 태도가 아니다.

(2) 태도

설법자의 태도도 매우 중요하다. 설법자의 태도는 시종일관 안정되면서도 자연스러워야 한다. 불안한 태도를 보인다든지 거만히거나 지나치게 겸손한 태도를 취하는 것도 좋지 못한 것이다. 설법자가 취해야 할 태도로서 바람직한 덕목과 시정해야 할 태도를 든다면 다음과 같다.

가. 바람직한 태도

설법자는 설법단상에서 자연스러우면서도 자신 있는 태도를 가지는 것이 중요하다. 불전에 나아갈 때나 단상에 오를 때에 겸손하면서도 성스러움을 자아내도록 하는 태도가 좋으며 품위 있는 몸가짐이 되도록 해야 한다. 그리고 단상에서는 똑바로 청중을 바라보도록 해야 하며 눈길을 피하거나 허공을 바라보는 등의 태도는 자신감이 없어 보일 뿐만 아니라 청중들과의 교감이라는 측면에서도 바람직하지 못하다.

그리고 일반적으로 서서 설법을 할 경우 단상에 양손을 얹고 서기 쉬운데 자연스럽게 처리할 경우는 무난하나, 이때 무게중심을 앞으로 하여 기대는 듯한 자세는 청중을 무시하는 듯한 분위기를 연출하며 불안정하게 보인다는 점을 고려해야 한다.

나. 시정해야 할 태도

우선 뽐내는 태도는 좋지 않다. 손으로 뒷짐을 진다든지 몸을 뒤로 지나치게 젖힌다든지 팔짱을 끼거나 호주머니에 손을 넣고 말하는 태도 등은 청중들에게 반감을 불러일으킬 염려가 있다.

또한 손을 마구 비빈다든지 어깨를 치켜올린 자세, 수강자나 청중을 바라보지 않는 태도 등은 비굴하게 보여 청중의 존경을 받기 어렵다.

몸을 흔든다든지 손마디를 꺾는 행위, 시선을 줄곧 이곳저곳으로 옮긴다든지 볼펜 등 가까이 있는 물건을 자주 만지작거리는 행위, 목덜미나 콧등을 문지르거나 발을 흔드는 태도 등은 불안하게 보여 청중에게 신뢰감을 주기 어려우므로 시정해야 한다.

(3) 시선

설법은 청중들과의 대화이다. 대화에서 가장 중요한 것은 시선을 맞추는 일이다. 만약 시선을 달리하고 대화를 한다면 어색한 상황이 될 것이다. 모든 청중이 자기를 위해서 이야기하는 것이라고 느끼게 할 수 있는 것이 시선이다. 어떤 설법자는 설법의 시작에서 끝까지 한 곳에 시선을 두는가 하면 또 어떤 설법자는 허공을 바라보며 말하기도 한다.

그러나 청중은 개개인 모두, 법사가 자기 자신에게 관심을 기울여 주기를 바라며 설법자의 설법이 자기 자신을 위한 설법이기를 바란다는 사실을 잊어서는 안 된다. 설법시간이야말로 자연스러우면서도 전체적으로 청중과 시선을 맞출 수 있는 기회인 것이다.

시선은 주로 중앙의 좌석이나 끝 좌석을 정면으로 바라보는 것이 좋다. 실내가 넓으면 중앙을, 좁으면 끝을 바라보되, 중앙에서 좌측으로 그리고 다시 중앙으로, 중앙에서 우측으로 그리고 다시 중앙으로 하는 식으로 시선을 옮기는 것이 좋다. 이때 안경 너머로 청중을 바라보는 것은 설법의 위엄을 반감시키게 되므로 주의해야 한다.

몸의 방향 또한 시선의 이동과 함께하는 것이 좋다. 적어도 얼굴만이라도 같이 움직여야 한다.

시선을 조직적으로 옮기는 방법의 예를 도표로 제시해 보면 다음과 같다.

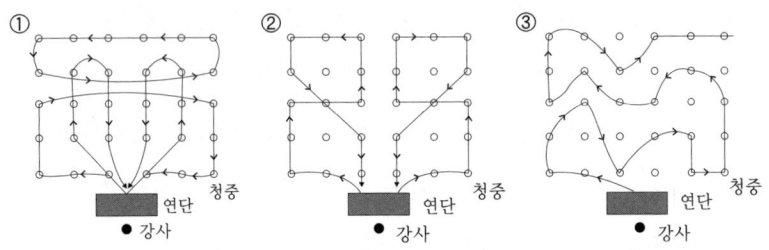

〈설법자의 시선이동〉

(4) 표정

설법은 단순히 말만 가지고 전달하는 것이 아니므로 표정관리를 잘 하는 것도 중요한 일이다. 설법자의 표정은 평화롭고도 화열에 넘쳐야 한다. 좋은 표정은 마음으로부터 나오는 것이므로 스스로의 인격과도 연관이 있어 단기간에 이루어지지는 않는다. 그래서 설법자는 평소의 생활이 기쁨과 평화에 넘치는 생활이어야 함은 물론이다. 그러나 설법시간에는 특히 신경을 써야 한다.

근심에 싸여 있고 분노의 경계 속에 살아가는 청중들이 근심스럽거나 화가 나 있는 설법자의 얼굴을 보면서 설법을 듣고 싶어할 것인가. 화열에 넘치는 얼굴표정을 공부삼아서 만들 일이다. 혹시 설법을 하면서 습관적으로 찡그리는 사람이 있다면 이는 더욱더 유의해야 할 부분이다.

4. 설법자의 제스처

(1) 제스처와 습관

『대집경』에서는 "설교하는 자는 의왕상(醫王想)을 가지고 발고상(拔苦想)을 지으며, 감로상(甘露想)을 짓고 제호상(醍醐想)을 가지라" 하였다. 이는 의왕과 같은 위의와 자비로 가득 찬 모습을 하고, 모든 고통과 어려움을 해결하는 태도를 취하며, 일체 중생에게 법의 감로를 듬뿍 뿌려 주는 자세를 짓고, 평등하게 최고의 음식인 제호일미를 제공하는 태도를 가지라는 법문으로 이해된다. 요약건대 당당하면서도 뽐내지 말고 오직 자비와 은혜에 가득 찬 위의를 갖추라는 말일 것이다.

그러나 그러한 마음가짐을 가진다 하더라도 설법자가 손이나 몸을 한 번도 움직이지 않고 석상처럼 설법한다면 청중은 답답한 느낌을 가지게 된다. 그와 반대로 너무 자주 움직이면 무게가 없어 보이고 청중의 눈을 피곤하게 한다.

몸짓, 즉 제스처는 말하는 사람의 사상이나 감정을 전하는 데에 효과적인 보조수단이다. 따라서 몸짓은 하나의 언어이다. 이 제스처는 때로 말로 하는 것보다도 더 효과적일 때가 있다. 싫다는 말을 할 때에는 고개를 내젓고 의문스러운 말을 할 때는 고개를 갸우뚱함으로써 큰 효과를 거둘 수 있는 것이다.

필요한 순간에 자연스러운 제스처가 곁들여지지 않을 때 청중은 오히려 어색함을 느낄 것이다. 예를 들어 "갓 핀 라일락의 향기가 오월 밤의 신선한 공기와 함께 가슴 가득히 차 오는 것이었습니다"라는 표현을 할 때는 눈을 지그시 감고 천천히 말하는 것이 옳을 것이다.

제스처에 대하여 우리나라는 전통적으로 경망스러운 것으로 생각해 왔고 불교교단에도 이러한 분위기는 어느 정도 남아 있는 것 같다. 특히 불교설법은 이성적이며 윤리적인 설법이 주된 조류를 이루어 왔기 때문에 제스처도 그다지 발달하지 못한 감이 있다. 그러나 설법은 이성적인 의지와 더불어 감성적인 감정에도 호소하는 것이어야 하므로 감정을 일으키는 데에 도움을 주는 제스처도 더욱 계발해야 할 것이며 그렇게 될 때 불교의 설법도 좀더 활력이 솟지 않을까 생각된다.

(2) 제스처의 방법

가. 자연스럽게

몸짓과 손짓은 일부러 꾸민 듯한 느낌이 드는 것이면 오히려 어색할 것이다. 모든 몸짓은 내부로부터 확신 있게 나와 자연스럽게 표현되는 것이 가장 좋다. 즉, 미리 계획된 것이 뚜렷이 보이는 의도적인 몸짓은 하지 않는 편이 낫다. 그러므로 설법자는 결코 자신의 제스처를 의식하고 있는 것처럼 보여서는 안 된다.

설법자가 제스처로 지시하는 방향은 보아야 하지만, 그 손을 보아서는 안 된다. 또한 과장되거나 단순히 아름다운 동작을 위한 의도적인 제스처를 피하고 직접적이면서도 단순한 동작을 해야 한다. 대체로 거동을 준비함에 있어서 팔꿈치를 적당하게 몸 가까이 가지며 지나치지 않도록 주의한다.

그러므로 주의해야 할 사항은, 설법자는 정서가 명령하는 것을 생각하거나 또한 행하려고 할 때는 마음에서 솟아오르는 감정에 따라야 한다는 점이다. 설법자가 설법을 하면서 느끼는 감정에 순종할 때마다 그 감정은 더욱 분명하게 드러나게 되며 점차로 설법자는 본인이 느끼는 모든 감정에 따라 제스처도 자연스럽게 표현할 수 있게 될 것이다.

나. 상황과 시점에 맞게

제스처는 강조하려는 요점보다 극히 짧은 시간 앞서 취해야 한다. 그렇게 하면 청중의 입장에서는 강조점을 소리와 몸짓으로 동시에 듣고 보게 된다. 때에 맞지 않는 몸짓은 청중과의 통화를 방해한다.

손짓은 세 가지로 분류될 수 있다. 주먹을 쥐거나 손을 편 채로 결연하게 가슴 높이로 세우는 손짓은 강조점을 말할 때 주로 사용된다. 또한 손을 들어 이것 저것을 가리키는 손짓은 지시할 때 사용된다. 그리고 길이 등을 설명할 때 그에 합당한 길이를 보여 주는 것은 설명적인 손짓이다.

자기 스스로 거울을 보며 자신의 표정이나 제스처에 대하여 점검하는 것도 좋다. 또한 몸과 표정, 손의 움직임이 일치하는가도 점검할 일이다. 두려움 · 부끄러움 · 동정 · 증오 · 애정 · 위선 등의 표현에 대해서도 나름대로 연구하고 연습할 일이다.

제스처와 눈과의 관계를 말하면 눈이 먼저 지시할 방향을 본 다음 손을 움직여서 그것을 지시해야 한다. 눈은 그 방향을 본 후에 곧 청중에게로 돌아와야 하지만 손은 계속하여 그 방향을 지시해도 좋다. 아무튼 눈은 언제나 손보다 조금 먼저 원래의 방향으로 돌아와야 한다.

그리고 손, 눈, 얼굴 따위의 온몸이 이야기하는 음성과

일치되어야 한다. 음성은 슬픈 이야기를 하면서 얼굴은 웃
는다면 그 설법 자체가 이상해져 버릴 것이다.

다. 다양하게

시종 단조로운 몸짓은 그 설법자 자신에게는 자연스럽게
보일지라도 청중은 지루해 할 것이다. 어떤 설법자는 똑같
은 몸짓을 반복하여 계속하는 경우가 있는데 이는 바람직하
다고 보기 어렵다. 자꾸 머리를 만진다든지 안경을 습관적
으로 고친다든지 목청을 가다듬는다든지 눈을 신경 쓰일 만
큼 깜박인다든지 하는 습관들은 자신도 모르는 사이에 무의
식적으로 이루어지는 경우가 많으므로 다른 사람에게 부탁
하여 자신의 좋지 못한 버릇을 지적받아 고치는 것이 좋을
것이다.

라. 과장 없이

제스처를 할 때 또 하나 주의해야 할 사항은 과장하지 말
아야 한다는 점이다. 너무 과장되고 반복되는 제스처는 청
중을 쉽게 피로하게 만든다. 설법자는 반드시 자신의 감정,
즉 자신이 느끼는 것만큼 움직여야 한다. 설법의 효과를 위
하여 과장된 움직임을 하는 것은 허위적인 표현이 될 뿐이
며, 이는 청중에게 큰 감동을 주지도 못하기 때문이다. 이를

테면 한 손으로 해도 좋을 것을 두 손으로 하지 말아야 한다는 것이다.

과장 없이 해야 한다고 하여 맥이 빠져 하라는 말은 아니다. 제스처는 활력이 넘치는 것이어야 한다. 활기가 없는 어중간한 제스처는 아예 하지 않는 것이 좋다. 즉, 동작이 작아도 확신에 찬 동작을 할 때 이는 활력이 넘치는 것이 된다.

마. 손으로 하는 제스처

- **손의 사용법**

① 손을 움직이지 않을 때는 가급적 양쪽에 자연스럽게 내리고 있는 것이 좋다.

② 설법을 시작한 몇 분 동안은 연단의 양쪽을 가볍게 짚고 있는 것도 효과적이다. 그것은 청중을 안심시킬 수 있으며 주의를 집중시킬 수가 있기 때문이다.

③ 한 쪽 손만을 연단 위에 올려놓을 때는 연단의 중앙 가까운 곳에 두어야 하며, 다른 한 쪽 손은 옆에 자연스럽게 내리든지 뒤로 돌리는 것도 좋다.

④ 말의 내용에 따라 자연스럽게 움직여야 하며 될 수 있는 한 손을 적게 움직이는 것이 설법에 무게를 더해 준다.

⑤ 처음에는 한 쪽 손을 앞과 위로만 움직이다가 절정에 이르러서는 상하좌우로 움직인다.

- **손으로 하는 제스처의 종류**

① 손바닥을 위로 향하게 하는 것

　이것은 가장 많이 사용되는 형식의 하나로 다른 사람과 악수할 때 뻗치는 거리의 위치이다. 이 위치는 공개·솔직·허용·확신·어떤 사물에 대한 통상적인 언급·호소·환영 등을 표현한다.

② 손바닥을 아래로 향하게 하는 것

　이것은 모든 면에서 위로 향하는 것과 반대되는 것이다. 은폐·기만·압박·금지·불찬성 등을 의미한다. 손바닥은 인격의 중심으로 생각된다. 그러므로 손바닥을 덮는 것은 비밀을 표시한다.

③ 손가락으로 지시하는 제스처

　수를 센다든지 관심을 끌기 위하여 또는 강조를 나타내기 위하여 사용된다.

④ 주먹쥔 손

　이는 힘·결심·분노·도전·파악과 같은 아주 강렬한 것을 표현한다.

5. 설법연술과 음성

(1) 음성의 역할

설법의 전달에 가장 효율적이고 명확한 수단은 두말할 것도 없이 음성이다. 사람의 음성은 천성적으로 타고나는 것이지만 훈련에 의하여 상당부분 개선되고 다듬어질 수 있다.

해돈 로빈슨은 강연에 있어서 음성은 네 가지 요소(4P)를 가지고 있다고 말한다. 그것은 고저(Pitch), 대소(Punch), 속도(Progress) 그리고 휴지(Pause)이다.

좋은 설법을 위한 좋은 음성을 가지기 위해서는 자극성 있는 음식물을 피하며 음의 고저와 강약 그리고 속도를 변화 있게 하도록 노력할 것이다. 음성훈련에 성공한 위대한 웅변가 데모스테네스는 웅변의 비결로서 첫째도 둘째도 셋째도 '좋은 발음'이라 했다. 그가 처음 연설할 때에 청중들은 듣기 거북하다고 중간에 다 돌아가 버렸다고 한다. 그러나 피나는 훈련 다음에 다시 연설할 때에도 역시 중간에 다 돌아가 버렸는데 그것은 듣기 거북하여 돌아간 것이 아니고 그 내용에 감명을 받아 조금이라도 빨리 실행에 옮기기 위해서였다고 한다.

데모스테네스의 말은 일리는 있으나, 그것이 오늘날에 이르도록 절대적인 조건이라 할 수는 없다. 당시의 상황으로서는 발성의 문제가 가장 일차적인 것이었다. 왜냐하면 오늘날과 같은 마이크 시설이 없는 상황에서 대중연설을 해야 하는 처지에서 본다면, 좋은 발성이 첫째 조건인 것은 두말할 필요도 없다.

그렇다고 해서 오늘날의 설법자에 있어서 발성이 중요하지 않다는 이야기는 아니다. 듣기에 좋고 정확한 발성은 그 설법의 효과를 높이는 데에 무척 중요한 요소임은 말할 것도 없다.

음성관리에 있어서 중요한 것은 호흡, 발성, 공명 그리고 분명한 발음이라 하겠다. 이를 위해서 바른 자세로 호흡을 조절하며, 잘 되지 않을 경우 설법원고에 호흡표시를 하여 조절할 수도 있겠다. 발성은 성대를 함부로 쓰지 말고 적절히 소리내는 훈련을 해야 한다.

NBC방송국 아나운서의 감독인 패트 켈리는 말하기를 "100명 중 5명 정도만이 좋은 목소리를 가지고 태어난다.

나머지는 노력해야 한다"고 말했다. 노력에 의하여 좋은 목소리는 어느 정도 가능하다. 스크레이터는 "적절하고 매력적이며 듣기 편한 대중연설은 약간의 자제력과 지능, 그리고 목소리를 가진 그 누구라도 가능하다"고 말했다.

여기에서 가장 먼저 해야 할 것은 공적인 자리에서 행한 자신의 설법을 녹음하여 검토하는 일이다. 그리고 자신의 습관을 이해하기 위하여 다시 재생하여 듣는 동안 객관적이고 비판적으로 이를 연구해야 한다.

(2) 효과적인 음성 사용법

효과적인 음성사용방법으로는, 첫째 높은 어조로 시작하지 말아야 한다. 처음부터 힘이 들어가면 정작 힘을 내야 할 곳에서는 강조할 수가 없다. 둘째는 말을 적당히 끊어야 한다. 너무 장황하게 연이어 말을 하거나 중간중간에 너무 길게 끊으면 청중은 쉽게 피로해지고 내용을 이해하는 데에도 어려움이 따른다. 셋째는 말의 속도와 강세 그리고 고저에 변화를 주어 내용을 강조해야 한다. 말을 할 때 속도와 고저에 변화가 없는 설법은 감동이 적다. 그러므로 내용에 맞게 말의 속도와 고저를 잘 조절해야 한다.

결정적인 내용이 나올 때는 갑자기 말을 중단하여 청중들로 하여금 다음 말을 기대하게 한 다음에 강조하는 것도 효과적인 방법이 된다. 그러므로 설법이란, 발성을 통한 말만으로 구성되는 것이 아님을 알 수 있다. 침묵도 훌륭한 설법이 될 수 있다는 이야기다. 그리고 강조를 하다 보면 말의 속도가 빨라지고 제스처가 커지며 음량이 커지는데 이는 자연스러운 현상이기는 하다. 그러나 말이 빨라지면서 불분명해지는 수가 있으므로 충분히 주의해야 하며 그러한 결점들은 평소 훈련을 통하여 개선될 수 있다.

대부분의 불교법사들의 설법은 변화와 강조점이 없어 잔잔하며 감동적인 포인트가 없는 경우가 상당히 많으므로 우리는 오히려 필요할 때 힘차게 강조하는 힘 있는 설법이 되도록 하는 데에 신경을 써야 할 것으로 보인다.

한때 켄터키의 루이빌에서 시장을 지냈던 사람이 자신의 연설 중 하나를 녹음시킨 후 잠시 후 다시 재생시켜 듣는 중에 잠이 들어 버린 적이 있다. 만약 설법자들이 매주일 자신의 설법을 들어야 한다면 얼마나 많은 설법자들이 잠들어 버리거나 또는 흥미를 잃게 될 것인가? 자신의 상황을 점검하고 이의 개선을 위하여 끊임 없이 노력함으로써 훌륭한 설법자가 될 수 있음을 명심해야 한다.

(3) 음성 사용 시 주의할 점

가. 숨과 발성을 고르라

숨은 아랫배까지 깊숙이 들이마시고 아랫배에서 솟아나는 목소리가 되도록 하는 것이 좋다. 그리고 음성이 좋은 공명이 되게 하기 위하여 음성학 전문가들은 연설자들에게 "성대를 잊어버리고 목소리가 목구멍에 있는 것이 아니라 머릿속에 있는 것처럼 생각하라"고 충고하고 있다.

나. 얼굴 근육의 긴장을 이완하라

고조된 음성이 될 때에 쇳소리가 나는 것은 근육의 긴장 때문인 경우가 많다. 음조의 질은 혀와 목, 턱 그리고 얼굴의 근육에 의해 영향 받는다. 이러한 근육들의 긴장을 푸는 것이 필요하다. 그리고 고조될 때 억지로 끌어올려 감동을 이끌어 내려 하지 말아야 한다. 설법은 샘이 솟아나는 것과 같이 해야지 펌프의 펌프질이 아닌 것이다.

긴장을 풀기 위하여 연단에 서기 전에 얼굴의 근육을 재치 있게 만져 주고, 은은한 미소를 띠우며 연단에 나서는 것도 좋은 방법의 하나이다.

다. 발음을 확실히 하라

불확실한 발음을 하는 사람이나 말을 더듬는 사람은, 원고를 천천히 그리고 또박또박 읽으면서 스스로의 결함을 고쳐 나가지 않으면 안 된다. '습니다' '입니다' 등의 말꼬리를 분명치 않게 얼버무리는 습관이 있는 사람은 자신이 청중을 불안하게 하고 있음을 인식해야 한다. 그러므로 끝까지 정확하게 발음하는 연습을 해야 한다.

라. 강조와 휴식을 알맞게 하라

어떤 말을 강조하고 어느 곳에서 쉬어야 할 것인지를 미리 연마해야 한다. 자신의 원고 또는 요지에 자신이 쉽게 알아볼 수 있는 표시로 강조·휴식·의도적인 침묵 등을 적어 넣어서 익히는 것이 좋다.

마. 결점의 교정에 노력하라

이상의 음성이나 태도, 제스처 등은 사실은 법사의 초기 시절에 교정되고 연습을 마쳐야 한다. 어느 것 하나 정성과 노력을 기울이지 않고서 이루어질 수 있는 것은 없다. 다행히 요즈음은 오디오나 비디오 시설을 통하여 스스로 자신의 결점을 검토하고 교정하는 것이 가능하게 되었다.

또한 실제 포교선상에 이르러서도 스스로의 결점을 고치

는 노력은 부단히 이루어져야 마땅하나 그런 것 때문에 설법 자체의 준비보다 시간과 노력을 더 쏟을 필요는 없다고 본다. 그것은 시간이 부족하기도 하겠지만 설법이 감동과 설득력을 가지고 전달되는 데에는 진실한 서원과 간절한 신앙적 정열 그리고 법을 전해 주려는 전달의지와 수행적 실천에 따른 힘이 훨씬 중요하기 때문이다.

(4) 마이크 사용과 발성

설법에 나서기 전에 법당의 크기와 청중의 숫자 그리고 마이크의 성능 등을 미리 점검해야 한다. 그리하여 그에 맞는 음성의 크기와 마이크와의 거리를 조정해야 한다. 미리 사회자의 마이크 사용을 눈여겨보아 성능과 볼륨을 체크하여, 자신의 입과 마이크와의 거리를 가늠해 두는 것도 하나의 방법이다.

그리고 연단에 서서는 마치 한 사람에게 말하듯이 자연스럽고 적당한 크기로 말해야 한다. 마이크는 충실하게 말하는 사람의 목소리를 증폭한다. 고함을 치듯이 소리를 높여 말할 필요는 없다. 마이크의 볼륨이나 마이크와의 거리를 조정하는 것으로 충분하기 때문이다.

또한 마이크는 작은 목소리로 많은 청중을 상대로 이야기할 수 있는 매우 편리한 기구임과 동시에 설법자의 결점도 그대로 충실하게 청중에게 전달한다. 애매한 발음이나 묘한 표현, 기침 등의 잡음까지 그대로 확대되어 전달되므로 주의하지 않으면 안 되다.

6. 설법연술(演述)의 주의점

(1) 연단에 대한 두려움을 극복하라

연단에 오르는 것을 대단히 공포스럽게 생각하는 사람이 있으며 극히 소수를 제외하고는 처음 설법단상에 올라 떨었던 경험을 가져 보지 않은 사람은 없을 것이다. 여러 차례 단상에 오르게 됨으로써 점차 떨리는 것이 줄어듦을 느끼게 될 것이나 이것도 스스로의 훈련에 의하여 극복될 수 있는 것이다. 연단에 대한 두려움을 극복하는 방법을 생각해 보자.

- 설법 시에 떨림은 당연하며 어느 정도의 떨림은 오히려 유익하다

남의 앞에, 그것도 대중 앞에 서서 말을 할 때 천성적으로 떨리지 않는 사람은 극소수에 지나지 않다. 그러므로 청중 앞에서 떨리는 것은 당신만이 아니라는 사실을 알아 둘 필요가 있다. 연설이나 강연의 전문가들도, 완숙하고 노련

한 설법의 소유자들도 역시 연단 공포증이 완벽하게 사라지지는 않는다는 사실을 고백하고 있다. 떨린다는 사실에 대하여 두려워하지 말고 떨리는 것은 당연한 것이라고 생각하라.

어느 정도의 떨림은 오히려 유익하다는 전문가의 견해도 있다. 적당한 긴장은 오히려 신속히 두뇌를 작용시키고 자극시켜 거침 없고 열렬히 말할 수 있도록 도와 준다는 것이다. 실제로 설법단상에 올라 설법할 때 떨리는 속에서도 평소에 생각하지 못했던 신선한 용어와 아이디어가 솟아나는 경험을 한 사람이 적지 않을 것이다.

또한 자신만만한 설법자일수록 청중에게 감화력이 부족할 수 있다는 것을 생각해 본다면 약간 떨리는 모습은 청중에게 진솔한 감화력으로 작용할 수도 있다.

- **이야기의 흐름에 유의하라**

청중 앞에서 떨리지 않기 위해서는 자신감이 붙을 때까지 원고를 연마하는 자세가 필요하다. 그러나 그러다 보면 원고를 통째로 외워서 설법하려는 경우가 발생한다. 그러다가 한 단어나 한 구절을 잊는다든지 하면 당황하게 될 수 있다. 그러므로 원고는 기억에서 나오는 기계적인 것이 아니라 마음에서 나오는 자연스러운 것으로 새로이 구성하지 않으면 안 된다. 이는 원고를 마구 개변하여 설법하라는 의미가 아니고, 설법의 흐름을 중시하여 요지가 드러나도록 할 뿐 말이나 단어 하나하나에 일일이 신경 쓰지 않는 것이 좋다는 말이다.

- **자신의 존재를 잊으라**

잘 닦여진 창은 그것 자체로는 아무런 주의도 끌지 않는다. 다만 빛을 통하게 할 뿐이다. 뛰어난 설법자도 마찬가지이다. 자의식(自意識) 과잉이라는 벽을 깨고 나오라. 이렇게 될 때 청중에게 긴장을 주지도 아니하고 청중들도 설법자의 태도에 과히 신경을 쓰지 않게 된다.

(2) 자신 있게 전달하라

가. 자신에 넘치게 행동하라

설법 전에 부처님께 예를 올리고 연단 앞으로 걸어 나가는 짧은 순간이라도 경건함을 잃지 않고 당당하게 자신에 넘치는 힘 있는 모습으로 나아가라. 겉보기라도 생생하고 힘찬 발걸음은 설법자 자신에게 자신을 불어넣어 주고, 그 설법자에게 무언가 말하고 싶어 견딜 수 없는 것이 있다는 것을 무언중에 청중에게 전달한다.

고개를 들고 얼굴에 자비스러우면서도 자신감 있는 미소를 띄우라. 당신은 지금부터 부처님의 진리를 설하려 하고 있으며 당신의 온갖 동작은 그 사실을 분명히 일러주어야 한다.

나. 원고의 요지를 충분히 점검하라

원고의 전체적인 작성을 마치고 여러 차례 연습을 마쳤으면 그 원고를 두고 요지만을 가지고 설법단상에 서는 것이 좋다. 그러한 경우 쉼표, 조금 긴 침묵, 강조점 등을 자신이 쉽게 알아볼 수 있도록 표시하여 그것을 가지고 다시 연습하는 것이 좋다. 자신이 작성한 연출기록이 설법시에 자신감을 불어넣어 주는 것은 당연하다.

다. 설법에 자신을 던져 넣으라

자신이 설법하려는 주제에 자신을 던져 넣는 자세가 중요하다. 그렇게 되면 설법과 설법자가 혼연일체가 되어 청중에게 키다란 감동과 효과를 주게 된다. 설법에 자신을 던져 넣기 위해서는 자신이 하려는 설법에 설법자 자신이 먼저 깊은 자신과 기쁨이 있지 않으면 안 된다.

라. 자신 있게 설법하라

청중을 정면으로 보고 그 한 사람 한 사람의 눈빛을 확인하면서 자신 있게 설법해 보라. 그래도 자신이 없으면 그곳에 청중이 모인 것은 자신에게 진 빚을 갚을 날짜를 연기해 달라고 애원하러 온 것이라고 상상해 보라.

그러나 설법자 자신이 활력과 생기와 열의를 가지고 단상에 오르게 되면 자신 있는 설법이 나오는 것이 자연스러운 일일 것이다. 윌리엄 제임스는 말한다. "열의가 있는 것처럼 행동하라. 그러면 모든 행동에 자연스레 열의가 담겨질 것이다."

마. 남의 흉내를 내지 말라

가끔 유명한 설법자의 어투나 설법의 모습을 흉내내려는 설법자가 있다. 자신에 맞는 유형을 정하고 그 장점을 자기 것으로 만들도록 노력하는 것은 때로 좋은 효과를 가져오기도 한다. 그러나 자기를 표현하는 것을 두려워하지 않으며 청중에게 하고 싶은 말을 하는 데에 독특하고 상상력이 뛰어난 말투나 표현을 사용하는 설법자를 청중은 좋아한다는 사실도 알아야 한다. 누구도 자신의 특성이나 무엇을 하는 방법을 그대로 공유할 수는 없다. 자신의 말하는 습관 가운데 남과 구별되는 좋은 개성을 찾아내어 그것을 잘 키울 일이다.

7. 청중에 대한 파악

(1) 청중의 분석

가. 청중의 요구를 파악하라

설법의 요소를 설법하려는 진리, 설법의 주체인 설법자 그리고 설법을 듣는 청중의 세 가지로 본다면, 청중에 대하여 과학적이고 면밀한 파악이 필요하다. 의사가 환자의 병에 대한 진단을 정확하게 해야만 바른 처방을 내릴 수 있는 것과 같이 설법자는 청중에 대한 바른 이해를 하고 있어야 좋은 설법, 적절한 설법을 할 수 있을 것이다. 그러기 위하여 청중의 마음, 청중의 요구를 파악하지 않으면 안 된다.

나. 청중의 성격을 파악하라

청중은 법회에 참석할 때 미리부터 그 분위기에 적응되어서 모이기보다는 각기 독립된 개인으로서 모인다. 독립된 그대로의 개인을 청중으로 삼는다면 설법에 대한 개인으로서의 청중의 반응은 청중 전체의 반응으로는 되지 않는다. 그러므로 개개의 반응이 산발적으로 나타나서 설법의 효과가 감소하는 것을 방지하기 위하여 설법자는 개개의 청중을 통일체로 바꾸어 놓을 필요가 있다. 그러기 위하여 설법자는 청중의 성질을 파악하고 있어야 한다.

(2) 청중 분석의 방법

가. 설법의 동기나 목적 분석

자신의 포교원이라면 스스로가 청중에 대하여 잘 알고 있을 것이므로 문제가 없으나, 다른 포교원 혹은 사찰에서 설법을 부탁받았을 경우에는 청중에 대한 분석이 문제가 된다. 이러한 경우 가장 쉬운 방법은 어떤 동기와 이유에서 본인이 설법자로서 의뢰받게 되었는지를 사전에 알아 두면 나중에 청중을 분석하는 데 용이하다. 자신이 의뢰받게 된 동기에 따라 청중의 기대를 파악할 수 있기 때문이다.

나. 자신의 인지도 파악

또 한 가지의 방법은 설법자 자신이 어느 정도로 상대방에게 알려지고 있는지를 빨리 포착해야 한다. 그럼으로써 나에 대한 관심이나 기대 그리고 청중의 희망 등을 알 수 있게 된다.

다. 설법의 시간 분석

설법을 의뢰받을 때에 시간에 대해서 통지받는다든지 거꾸로 이쪽에서 물었을 때 상대방의 대답하는 태도에 따라 대체적인 청중의 분위기와 초빙자의 열의 그리고 설법의 비중을 알 수 있다.

라. 전후상황 파악

설법자 자신이 설법하는 시간의 앞과 뒤의 스케줄이나 다른 강사가 있을 경우에는 그 강사의 성명이나 강의내용 등에 대하여 알아 두는 것이 필요하다. 법회가 다른 행사와 섞여 이루어지는 경우도 있고, 어떤 경우는 여러 강사들 가운데 하나로 초빙되는 경우도 있는데 이들은 설법의 분위기를 형성하는 데에 매우 중요한 조건들이다.

마. 장소에 대한 파악

사전에 장소의 여건을 물어 보아 대충 알아 두는 것이 필요하다. 좌석배치 문제, 흑판준비 여부, 냉·난방 문제 등도 살펴두면 좋을 것이다.

바. 청중에 대한 분석

청중의 인원은 얼마나 되는지? 연령의 분포는 어떠한지? 성별의 비율은 어떠한지? 교육 정도, 직무나 직책 여부 등에 대하여 어느 정도의 정보를 가지고 있어야 한다. 청중의 성격을 알면 설법의 내용이나 예화를 조정할 수 있고 효과적으로 설법할 수 있기 때문이다.

설법의 기술

2008년 2월 20일 | 초판 1쇄 인쇄
2008년 2월 26일 | 초판 1쇄 발행

지은이 | 정순일
펴낸이 | 윤재승
펴낸곳 | 도서출판 민족사

책임편집 | 김창현
마케팅 | 성재영, 윤선미

등록 | 1980년 5월 9일(등록 제1-149호)
주소 | 서울 종로구 수송동 58번지 두산위브파빌리온 1131호
전화 | 02)732-2403~4
팩스 | 02)739-7565
E-mail | minjoksa@chol.com
홈페이지 | minjoksa.org

ⓒ 2008 정순일

※글쓴이와 협의하에 인지는 생략합니다.
※잘못된 책은 바꾸어 드립니다.
※값은 책 뒷면에 있습니다.

ISBN 978-89-7009-419-9 03220